民事法系列

親屬法

徐美貞 ◆ 著

六版序

家事事件法制定係爲統合處理家事事件，促進訴訟經濟及法安定性，以維護人格尊嚴及保障性別地位實質平等並保障未成年子女最佳利益；而親屬法修訂在確立剩餘財產請求權之性質，具有一身專屬性，肯認夫妻對於婚姻共同生活之貢獻，謹將修法內容歸納如次：

一、家事事件法於中華民國101年1月11日總統府公布，自101年6月1日施行

共計兩百條，分總則、調解程序、家事訴訟程序、家事非訟程序、履行之確保及執行、附則六篇。本法先將家事事件分爲甲、乙、丙、丁、戊等五類事件，然後分款細列具體之事件內容，以便利民眾利用使用及法官運作，而提升審判效率，是與長年實務運作成效顯著之日、韓等國立法例相類；另規定應由專業法院（庭）處理，創設家事調查官、社工陪同、程序監理人等制度輔助法官，並採認程序權保障、相關事件統合處理解決原則、紛爭集中審理原則、法庭不公開原則、職權探知主義、適時提出主義等程序法理，配套訂定合意及適當裁定、職權通知、醫學檢驗強制、程序參與、暫時處分等程序；另考量家事之強制執行事務，具有諸如：家庭成員間和諧關係之維持必要性、債權人利用執行程序之困難性及對程序上不利益之低耐受性、債務人履行債務有較高可能性、債權人難能規避債務不履行之風險等特性，爲此，訂定履行勸告、預備查封（定期或分期給付之特殊執行）、強制金等規定，期能從根本上解決家事紛爭、統合處理其他相關家事事件，藉以增進程序經濟、節省司法資源（合理減輕整體法官負荷）、平衡保護關係人之實體利益與程序利益，並在兼顧未成年子女最佳利益之同時，亦適當保護老人及其他家庭成員之正當利益，進

而維護家庭和諧、健全社會共同生活，奠定國家發展之根基。

二、親屬法於中華民國101年12月26日總統令刪除第1009條及第1011
　　條，並修正第1030-1條

　　鑑於現行配偶大多未約定財產制而適用法定財產制，法定財產制
以夫妻財產各自獨立、兼顧家事勞動價值為基本理念，而剩餘財產分
配請求權規定之立法本旨，原係為肯認夫或妻對於家務子女教養及婚
姻共同生活貢獻而設，因此剩餘財產分配請求權之性質與一般財產權
不同，應限夫或妻本人始得行使。然而民法卻未將夫妻剩餘財產分配
請求權定為一身專屬權，致銀行或其他債權人得以配偶之財產不足清
償其債務為由向法院聲請宣告債務人改用分別財產制，進而代位主張
剩餘財產分配請求權，嚴重剝奪配偶他方之財產獨立自主權，實為不
妥，因此本次修法刪除第1009條及第1011條，並修正第1030-1條。

三、親屬編施行法於中華民國101年12月26日總統令增訂第6-3條

　　配合民法第1009條及第1011條之刪除，與第1030-1條之修正，對
於債權人已向法院聲請宣告債務人改用分別財產制或已代位債務人起
訴請求分配剩餘財產，而該事件尚未確定者，民法親屬編施行法新增
第6-3條，一律適用修正後民法之規定。

　　新版親屬法之修訂，特別感謝國防大學法研所學生華戎戡、葉峻
宇、葉心慈在課餘之暇犧牲寶貴時間，提供了資料蒐集、打字、校稿
方面許多的協助，俾本書得以順利完成修訂，併此致謝。

徐美貞　謹識
中華民國102年7月5日

序言

親屬法之基本法源包括家庭暴力防治法、兒童福利法、少年福利法、國籍法、戶籍法、軍人婚姻條例、姓名條例、涉外民事法律適用法、民事訴訟法、非訟事件法等法規。而法律未規定者，習慣、判例、學說等亦得為法官判案之依據。我國於民國19年制定的民法親屬編，雖以繼受歐洲大陸法系為主，惟仍受傳統思想所影響，新舊思想相互激盪折衷而產生，家族主義與重男輕女之思想未能完全摒除。民法親屬編原規定內容歷經七十餘年來社會的變遷與發展，已不能因應社會實際之需要，有鑑於此，法務部「民法研究修正委員會」乃於民國74年、85年、87年、88年、89年、91年，6次修正民法親屬編，無論親屬之分類、親等之計算、收養、認領、結婚、離婚，皆力求符合男女平等之原則，尤以民國91年6月有關夫妻財產制之修正，除追求夫妻經濟地位之實質平等，使男女平等精神亦能落實於家庭生活外，對於婚姻共同生活之維繫及社會交易安全之維護，亦兼籌並顧。

今年承蒙臺中市地政士公會之邀，講授二期「親屬法」課程，有幸能與中部縣市許多資歷、經驗俱豐的代書們，面對面從事親屬法實務之切磋；同時承蒙五南圖書出版公司李副總純聆女士提供一些親屬法寶貴資料，歷經一番彙整，終於完成《親屬法》一書，惟筆者學識能力有限，書中謬誤在所難免，尚祈社會賢達不吝指正。

徐美貞 謹識

中華民國92年8月15日

凡例

（民§1065Ⅱ）	民法第1065條第2項
（民§1073-1③）	民法第1073-1條第3款
（戶§25）	戶籍法第25條
（民訴§589）	民事訴訟法第589條
（民親施§6-2）	民法親屬編施行法第6-2條
（刑§324）	刑法第324條
（刑訴§180Ⅰ②）	刑事訴訟法第180條第1項第2款
（非訟§71-9）	非訟事件法第71-9條
（家暴§9）	家庭暴力防治法第9條
（強執§128Ⅱ）	強制執行法第128條第2項
（憲§7）	憲法第7條
（30院2209）	民國30年司法院院字第2209號解釋
（65釋147）	民國65年大法官會議釋字第147號解釋
（74臺上1507）	民國74年最高法院臺上字第1507號判例

Contents

第一章 通 則

一、親屬之意義及種類

（一）親屬之意義

何謂親屬法無定義。《禮記‧大傳》的「親者，屬也」及「六世親屬竭矣」均以「親屬」之語稱宗族，「唐律」卻以此語包括宗族以外的外親及妻親，「明律」及「清律」亦襲用。律例似以「親屬」之語稱全體宗族，因為親屬相為容隱律，娶親屬妻妾律、親屬相盜律、同姓親屬相盜律、妻妾與夫親屬相毆律、親屬相姦律皆特別使用此語。解釋上，基於血統或婚姻關係所發生一定身分之人，其相互間謂之親屬，故親屬法為身分法。

現代因兩性平等主義產生，又因女性經濟地位日益提高，以致在親屬關係上不問父系或母系一律同為親屬，不因父或母而有別（親屬之兩系性）。現代所謂之親屬，係以父或母、夫或妻為血統聯絡中心，而構成之血族集團或姻誼集團稱之。臺灣似無總稱有親族關係之人的適當名稱，總稱一部分親族的名稱卻有一定。通常稱父方的親族為「內親」或「族親」，母方的親族為「外戚」，妻方的親族為「妻族」，出嫁之姑以上的親族為「姻族」，出嫁女及姊妹的親族為「姻家」等。總稱父母兩方的親族為「親戚」，據說此語是內親與外戚的合稱。清律吏律職制大臣專擅選官律亦有「親戚」之語，但是極少用於律例上，以致其意義不明確。

（二）親屬之種類

中國過去律例規定之親屬關係，原則上由血統及婚姻發生，另有以法律擬制認定的由收養及恩義名分（例如繼父母及嫡母、庶母）發生之親子關係，並依其血統分為男系與女系。婚姻除夫妻關係以外，亦認定夫妾關係。養子分為繼承及不繼承宗祧等。

民法規定親屬之種類有三：

1. 配　偶

中國人對婚姻的觀念可由《易經》獲知。此書是中國最早的典籍，分為上、下兩經。上經以天之義的乾卦為首，地之義的坤卦次之，並以兩卦象徵天地陰陽相和、萬物生育。下經以男女情意投合之意的咸卦為首，以男女終身結合之意的恆卦次之，表示婚姻的基本觀念。即婚姻是人倫之始，夫婦是社會組織的根源。《易經》之序卦傳曰：「有天地，然後有萬物。有萬物，然後有男女。有男女，然後有夫婦。有夫婦，然後有父子。有父子，然後有君臣。有君臣，然後有上下。有上下，然後禮義有所錯。夫婦之道不可以不久也，故受之以恆。」夫妻彼此間互為配偶。配偶是否為親屬？我民法並無明文，因而說者不一。本書則認為應係親屬。蓋夫妻乃人倫之始，有夫妻而後有父母子女，故夫妻應為最基本的親屬也（參照刑§324）。有學者以為夫妻不在親屬之內，配偶縱為親屬關係之根源，但不屬於親屬之範疇；又有學者將其列在親屬之內。

2. 血　親

中國過去律例規定的親族關係原則上由血統發生，但是並無區別由婚姻或收養養子發生的親族名稱。子女在出生後與父母及父母的血族發生親族關係，親子關係是血族關係的第一連鎖，祖孫及叔姪、兄弟姊妹關係是由此關係延長者，所以親子關係斷絕時（例如賣斷子女時），祖孫及叔姪等關係亦隨之斷絕。而子承父母兩系，父母亦各承其父母兩系，順序推展其血族關係，因而發生男系、女系及男女混合系。由於律例特別注重男系血族，並以宗族或同宗區別其餘的親族，因而親族的效力，宗族比其他親族為大，而且範圍頗為廣泛，可謂中國親族法的一大特點。

母子關係亦依母是否為父的妻或妾而不同親族效力及範圍，即母係正妻時，子及其直系卑屬與母及其本生親族間發生的親族關係，其效力及範圍比母係妾時強大且廣泛，是律例重嫡而輕庶的結果。

子與父母及其血族原則上發生親族關係，但律例認定下列例外：

(1)姦生子

僅與歸屬的父或母一方發生親族關係而已，此種情形律例規定如下：

①由無效婚姻發生者：男女雖已同居，但因缺乏某種婚姻條件，在法律上視為無效命令離異時，其間所生之子要歸於父，臺灣亦然。

②由男女私通發生者：不論有夫姦或亂輪姦，一切私通皆要處罰，並稱所生之子為姦生子。姦生子以責付姦夫為例（刑律犯姦第三節），只在生父不詳時歸於母，實際上亦大多歸於母。因為律例規定犯姦罪要在現場捉姦始得成立，僅憑生母片言自白與某人通姦，則難免有誣告之嫌。生父亦害怕構成犯罪而不敢承認，因而官府僅在此女懷孕時處罰此女而已。

臺灣過去的習慣亦然，私通所生之子原則上歸於母，生父如經生母同意，即可收養生子。俗語：「歸女斷男，歸男斷女」，即此子若歸於生母則與生父斷絕關係，歸於生父則相反。

(2)母係妾而其本生父母係賤民時

子與生母的本生親族不發生親族關係。律例服制小功為外祖父母律之註有：

「庶子不為父後者，為己父母服一項。若己母係由奴婢家生女收買為妾，及其父母係賤族者不在此例。即庶子與嫡子相同，為生母的本生父母兄弟喪服，但是生母如奴婢或優娼隸卒等賤民之女則無服。」乾隆59年說帖（刑案匯覽卷四十二，謀殺人而誤殺母之繼母）解釋其理由為：

「如己母或由奴婢收買，其父母本有主僕名分，或其父母身係優隸輩，與齊民不同。若概為制服，則良賤無分，自應示以區別，不在此例。」而且外姻服圖亦不載為無服親，以致不得視為親族，因為律例規定親族限於服圖有載者。

(3)同母異父的兄弟姊妹

律例規定兄弟姊妹不論同父同母或同父異母，均稱為親（或胞）兄弟姊妹，其親族效力相同。然而不認定同母異父兄弟姊妹的親族關係，相干犯時要視為外人論罪。《朱子家禮》雖有：「同母異父之兄弟姊妹，各服小功五月」。律例及則例卻不僅不認定其喪服，而且不以無服親列載於服圖，所以要視為不存親族關係，但是禁止同母異父兄弟姊妹結婚。律例將母系的兄弟置於親族外的原因，與視改嫁母的父母兄弟姊妹為外人同一法

理，是法律輕視女系的結果。

臺灣過去的慣例亦然，但是同母異父的兄弟姊妹同居時，例如妻在夫亡後攜子改嫁或留在夫家招入後夫生子時，此子與前夫之子互以兄弟姊妹相稱，不同居則視同外人。

血親乃依血統關係所生之親屬，有下列兩類：

(1)自然血親

自然血親乃出於同一祖先，而有血統連繫之血親。如父母、子女、兄弟、姊妹等均是。所謂半血緣兄弟姊妹（同父異母、同母異父），亦屬於血親。非婚生子女對其生父，於未經認領之前，在法律上，尚不能稱為血親；反之，其與生母及其血親之間，不須生母之認領，當然成立血親關係（民§1065Ⅱ）。凡推定為婚生子女之人，縱與其法律上之父無血緣上之關係，而在未被否認之前，仍為自然血親；否認之後，即斷絕血親關係（民§1063）。吾國民法採取父母系主義，故無論父系或母系親屬，民法均以之為自然血親。

(2)法定血親

法定血親乃無血統連繫，而由法律上所擬制之血親，故亦稱擬制血親，如養父母與養子女，以及養子女與婚生子女相互間均是（民§1077）。惟繼父母子女關係、妻與夫準婚生子女間之關係（民§1065Ⅰ），或夫與妻準婚生子女間之關係（民§1065Ⅱ），僅為直系姻親關係而已。

中國過去律例以擬制認定由收養發生的親子關係，因為尚無表示此種親族關係的名稱，姑且與擬制親子關係合稱為準血族關係。由收養發生的親族關係效力及範圍，依養子的種類有所不同，律例規定與臺灣的慣例亦不一致，分別敘述如下：

①所後父母（嗣父母）及過繼子（嗣子）

　a. 所後父母及過繼子之意義：過繼子是繼承宗祧的養子，而稱其養父母為所後父母。過繼子在條例上稱為繼子，在刑法上稱為嗣

子，其養父母稱為嗣父母。律例規定過繼子要收養昭穆相當的同宗的之子，如無適當之人時始得收養同姓之子。此養子是法律上的正式養子，即所謂「為人後者」。

b. 所後父母與過繼子之親族關係：完全準照親生子，並在養家取得嫡長子地位。所後父母及其親族與過繼子及其配偶、直系卑屬的親族關係亦準照親生子。

②義父母及義子

a. 義父母及義子之意義：義子是不繼承宗祧的異姓或同姓異宗養子。而男子稱為義男，女子稱為義女，此子稱其養父母為義父母。律例雖然准許收養異姓養子，但不准將其改姓為後嗣，僅准許終身相依倚而已。律例往往載為「異姓義子」，猶如義子限於異姓，但刑案認定同姓不宗的義子，即在不繼承宗祧範圍內得以收養同姓異宗之人為義子。

b. 義父母與義子之親族關係：得以終身相依倚，亦得由義父母酌給財產。因為互無喪服關係，因而亦無親族關係。

③養父母及養子

a. 養父母及養子之意義：收養三歲以下棄兒及同宗子（不立為後嗣時）之人稱為養父母。棄兒有養父母，撫養的同宗子則只有養母而已。律例並無由養父母稱抱養之子的名稱，姑且稱為養子（依道光12年禮部覆准山東巡撫咨的用語）。收養三歲以下棄兒及不立為後嗣的同宗子時始得稱為養父母；收養四歲以上棄兒時要稱為義父母，立同宗子為後嗣時要稱為所後父母。

b. 養父母與養子之親族關係

(a)養父母與養棄兒之親族關係：終身相依倚時得由養父酌給財產及從養父之姓。養棄兒對養父母有扶養之恩，要為其服齊衰期年，但是養父母對此養棄兒並無報服。又養棄兒與養父母的親族關係限於雙方一身，因而親族關係不及於養父母的親族及養棄兒的直系卑屬。養棄兒之妻雖然對其父的養父母無服，但依

　　　　夫妻一體制互相有親族關係。

　　⒝養父母與抱養的同宗子之親族關係：此種養子有寄養至成人後回家及終身在養父母之家兩種。然而前者僅對養母有恩義，要認養母而不必認養父。後者對養父及養母皆有恩義，僅認養母而不認養父時難免失於權衡，且養父如伯叔父或從伯叔父等近親時當無問題，無服的遠親則比義親子關係為輕，可謂禮部則例條文的不完備。

　c.養親子關係之消滅：上述養父母與養子關係及隨之發生的親族關係，不僅隨終止收養消滅，且養母與養父離婚或改嫁到他家時，養母與養父義絕，因而養母子關係亦隨之消滅。又本律所稱的養母是所後之母，但是其他各種養母亦適用，只有養母而無養父時亦同。

　d.臺灣過去之慣例：臺灣不行宗桃繼承制，亦不屬行異姓亂宗的禁令，因而養子不論同姓與異姓，同於親生子參與祭祀祖先及分配家產，與律例規定的養子不盡相同，且其親族關係亦不一致，說明如下：

　　⒜養子之種類

　　　A.過房子及過繼子：不論同姓或異姓，與生家不斷絕關係的養子皆稱為過房子或過繼子。本來過房子是向同宗收養的養子，臺灣卻同姓異宗的養子及不賣斷的異姓養子亦稱為過房子，律例亦以「過房」之語稱異姓義子（刑律鬥毆毆祖父母父母附例第二）。過繼子是律例所稱的「為人後者」，即所後之子，臺灣卻與生家不斷絕關係的養子亦稱為過繼子。

　　　B.螟蛉子：即不論同姓或異姓，與生家斷絕關係的養子，養棄兒亦與生家斷絕親族關係，亦包括在內。

　　　C.養女：不論姓的異同及與生家斷絕關係與否，一律稱為養女。

　　⒝養親子之親族關係：臺灣過去的慣例，養子女均在養家取得與親生子女相同的身分，養親及其親族與養子及其配偶、直系

卑屬發生與親生子相同的親族關係。此等親族關係同於律例規定，在終止收養養子關係時消滅，養母子關係亦在養父與養母解除婚姻時消滅。

律例除認定實親子及養親子關係之外，亦認定依恩義名分擬制的親子關係，現姑且稱為擬親子關係。養親子及擬親子關係均無血統關係而準照親子關係，姑且稱為準血族。

④繼父與妻的前夫子

a. 繼父之意義：繼父是與母同居或曾經同居的後夫。繼父包括：

　(a)生母或繼母的後夫。詳言之，一方面母不限於父的正妻，妾亦同，但另一方面要限於後夫的正妻。所以有子之妻為他人妾時不發生繼父關係，有子之妾為他人妻則發生此關係，繼父雖是生母的後夫，但繼母的後夫亦得以稱為繼父。

　(b)子要與母的後夫同居或曾經同居，且不分母攜子改嫁或在父家招入後夫。本來母攜子改嫁時，此子稱母的後夫為繼父，後來擴張其意義，母在父家招入的後夫亦稱為繼父。臺灣的慣例稱繼父為後叔，未曾同居的母的後夫則不稱之。

　尚無繼父稱妻的前夫之子的名稱，姑且稱為前夫子。

b. 繼父子之親族關係：律例規定依繼父有無同居及同居繼父與前夫子有無大功親而不同喪服，但親族關係相同。

　(a)繼父與妻的前夫子之親族關係：準照實親子關係。

　(b)繼父及其親族與前夫子及其配偶、直系卑屬之親族關係：繼父子關係完全基於恩義，律例規定其親族關係限於雙方一身。前夫子之妻雖對夫的繼父無服，但有親族關係。

　繼父之子與前夫之子是同母異父的兄弟姊妹，雖有血統關係，但屬於女系，所以律例不認定其親族關係。

c. 繼父子關係之消滅：繼父子關係發生於繼父為母的後夫的期間中，母與繼父離婚或改嫁時，其關係亦隨之消滅。

d. 繼母的後夫與妻的前夫子之親族關係：古代所稱的繼父及朱子所

稱的同居繼父、同居後異居繼父、原不同居繼父之中，是否除生母的後夫外，亦包括繼母的後夫？現已無從獲悉。就前夫子隨繼母改嫁時，前夫子為繼母服與嫁母相同之喪言之，繼母的後夫似可準照生母的後夫。然而元典章在其《三父八母服圖》另設「從繼母嫁人夫」一項，將同居繼父及不同居繼父併列，以致繼母的後夫終於不得稱為繼父。大明孝慈錄及會典亦襲用《元典章服圖》，並將「從繼母嫁人夫」刪除「人夫」兩字，不另列繼母的後夫的喪服，清律亦沿襲，律例其他條文及刑案亦未見另有規定，故不得不解釋為繼母的後夫與前夫子並無喪服及親族關係。但就法律對母的後夫附以繼父之名，令前夫子為其喪服言之，可知其原因完全基於代替生父扶養此子的恩義。此恩義無論對生母的後夫或繼母的後夫皆相同，況且攜前夫子改嫁的繼母準照改嫁的生母，前夫子為繼母之服略同於為嫁母之服。學者間對其喪服雖有不同的見解，稱此後夫為繼父卻大致相同，所以繼母的後夫亦要準照生母的後夫。

e. 臺灣過去之慣例：繼父的意義及其親族關係大致與上述相同，即生母及繼母的後夫同居時稱為後叔，發生限於雙方一身的親族關係，不同居則不發生親族關係。又繼父同居後離開時，繼父子關係似亦隨之消滅。

⑤繼母與夫的前妻子

a. 繼母之意義：繼母是子稱父的後妻的名稱，尚無繼母稱前妻子的名稱。繼母限於父的正妻，而且不分娶入或招入。繼母與前妻子的關係只是名分，因而不論前妻子有無與繼母同居。

b. 繼母與前妻子之親族關係：準照親母子關係，繼母的本生親族與前妻子的配偶及直系卑屬亦發生同於親母子的親族關係。

c. 繼母與前妻子的親族關係之消滅：繼母與前妻子的親族關係僅存續於繼母為父之妻的期間內，繼母亡故、離婚或改嫁時親族關係亦隨之消滅。夫亡後，繼母在父家招入後夫或攜子進入後夫之

家時，相當於三父八母服圖的「從繼母嫁」，與嫁母相同僅保持母子雙方一身的外姻關係而已。但嫁母是由血統發生的關係，子不隨其改嫁亦存其關係，繼母則以父的後妻名分發生的關係，子僅在隨其改嫁時基於撫養恩義維持關係而已。此種情形，繼母之夫亦得以稱為繼父。前妻子之妻對夫的繼父母無服，但有親族關係。

 d. 臺灣過去之慣例：與上述相同。

⑥嫡母與庶子

 a. 嫡母之意義：嫡母是妾之子稱父的正妻的名稱。正妻之子稱生母為親母而不稱為嫡母。

 b. 嫡母與庶子之親族關係：準照親母子關係，嫡母的本生親族與庶子之妻、直系卑屬發生與親母子相同的親族關係。

 c. 嫡母與庶子的親族關係之消滅：嫡母與庶子的親族關係僅存續於嫡母為父的正妻的期間內：

  (a)嫡母離婚改嫁後消滅，其各親族間的親族關係亦同。律例及刑案並無規定嫡母在父亡後招入後夫後與庶子的親族關係，但可視為其關係已消滅。因為生母在生父家招入後夫時，準照改嫁離開夫家降服等，所以對改嫁後已非其親族的嫡母亦適用較宜。

  (b)嫡母的本生親族與庶子的親族關係因嫡母亡故消滅，原因是庶子對嫡母的本生親族雖有喪服關係，但在嫡母亡後變成無服，所以庶子對嫡母的本生親族的親族關係亦可視為消滅。

 d. 臺灣過去之慣例：與上述大致相同，但是嫡母在父亡後招入後夫時，似乎不視為改嫁而仍然維持從前的親族關係而已。

⑦庶母與嫡子、庶子

 a. 庶母之意義：庶母是由父的正妻及他妾之子稱有子女的父妾的名稱。故庶母應為：

  (a)父妾。

  (b)有子女。古代，父妾無論有無子女皆稱為庶母，後來《開元

禮》載為：「庶母，父妾之有子者」。即限於有子女之妾始得稱為庶母。清代，子稱有子女的父妾為庶母的原因是僅敬稱此人是兄弟姊妹的生母而已，但其所生的子女未達成年亡故時要視為尚無子女，不得稱為庶母。

(c)並非自己生母。庶子不得稱生母為庶母。

b. 庶母與嫡庶子及其親族之親族關係

　　(a)庶母與嫡子、庶子之親族關係：嫡子、庶子及其妻為庶母服杖期，但律不以庶母為嫡庶子的期親尊長，相于犯時視為單純父妾論罪。

　　(b)庶母與嫡庶子的直系卑屬之親族關係：嫡庶子之子為父的庶母（庶祖母）服小功，嫡庶子之妻對夫的庶祖母無服，但依夫妻一體制互相有親族關係。又律例認定庶母及庶祖母，而不認定庶高曾祖母，原因是高曾祖父之妾無論有無子女，皆無祖母與孫的名分。

　　(c)庶母的本生親族與嫡庶子及其直屬卑屬之親族關係：不發生任何親族關係。

c. 庶母與嫡庶子的親族關係之消滅：上列庶母與嫡庶子及其直系卑屬間所發生的親族關係，隨庶母與父解除婚姻消滅。

d. 臺灣過去之慣例：嫡庶子稱父妾（無論其有無子女）為庶母。

⑧慈母與慈子

a. 慈母之意義：慈母是庶子稱撫育自己的父妾（非生母）的名稱。慈母應為：

　　(a)父妾。

　　(b)代替生母扶養自己。因而慈母子關係猶如只在生母亡故時發生，但在生母病弱或多子無力撫育，由父令他妾扶養時亦發生。

b. 慈母與慈子之親族關係

　　(a)慈母子關係：準照生母子關係，慈子之妻與慈母的親族關係亦

同。

　　⑵慈母與慈子的直系卑屬之親族關係：會典服制齊衰不杖期之部庶孫為生祖母之註有：「慈母、養母孫同」。即慈子之子為慈祖母服不杖期，但律及通禮、則例皆不載此註，原因是視此關係為祖妾對眾孫的關係。

　　⑶慈母的本生親族與慈子及其直系卑屬之親族關係：限於慈母與慈子雙方一身，而不及於慈母的本生親族。

　c. 慈母子關係之消滅：慈母子關係繫於撫育之恩，所以其親族關係在妾喪失父妾身分，即與父離婚或父亡改嫁時消滅。

　d. 臺灣過去之慣例：雖無慈母之名，卻有其實。妾多子或亡故遺有幼子時亦有父將此子給與他妾撫育者，此種情形發生與生母子相同的關係。母亡故或離婚，子由父的兄弟之妻或姊妹撫育時亦有稱為慈母者。

⑨乳母

　a. 乳母之意義：乳母在清律服圖旁註有：「父妾乳哺者，即奶母」。但朱子家禮三父八母服制以「自小乳哺」者為乳母。因而乳母有：

　　⑴有乳哺恩義的父妾。

　　⑵凡有乳哺恩義者兩說。又限定期間僱用的乳婦及乳娘不得稱為乳母，此等人只是僱用而已，不得稱之。乳母是有乳哺恩義之人，庶母及僱用的奶母均不得稱之。

　b. 乳母子之關係：乳母係父妾時，以妾的身分與家長的嫡子、庶子發生親族關係，與乳哺之子則有乳哺恩義，其間發生乳母子關係。因其親族關係發生於恩義，所以僅限於雙方一身，而不及於乳母的本生親族。又乳母係父妾時，以祖父妾的身分與乳子之子發生親族關係，非父妾則不發生此關係。乳子之妻對乳母亦不發生親族關係，原因是乳母與撫育夫的慈母不同，只是暫時的哺乳而已。

　　c. 乳母子關係之消滅：乳母雖是基於乳哺恩義，但發生乳母子關係
　　　是因為乳母是父妾或父的家族，所以與父離婚或改嫁時，乳母子
　　　關係亦隨之消滅，非父妾的乳母離開父家時亦同。
　　d. 臺灣過去之慣例：凡有乳哺者皆可稱為乳母，因而乳母與乳子通
　　　常不發生親族關係。

3. 姻　親

姻親乃因婚姻關係產生之親屬，依民法第969條規定，有下列三類：
(1)血親之配偶
如兒媳、女婿、兄弟之妻、姊妹之夫、伯母、嬸母、姑父、姨父是。
(2)配偶之血親
如夫之父母（翁姑），妻之父母（岳父岳母），夫之前妻之子是。
(3)配偶之血親之配偶
如夫之兄弟之妻（妯娌）[1]或妻之姊妹之夫（連襟）[2]是。

　　「血親之配偶」與「配偶之血親」，實為同一種類型之姻親關係，
而僅因觀察方向不同，異其稱呼。外國立法例上，姻親則僅此兩種。例
如：夫之岳父，由夫觀之，是「配偶之血親」；由岳父觀之，則是「血
親（女兒）之配偶」。至血親之配偶之血親，不在本條所定姻親範圍之
內，故甲之女嫁與乙之子為妻，甲乙之間（兒女親家）無姻親關係（30院
2209）。我國民法上所謂姻親，比之外國立法例，其範圍甚為廣泛。民
法若承認「血親之配偶之血親」為姻親，則姻親之範圍殆無止境。

　　中國過去律例並無表示由婚姻發生的親族關係的特別名稱，姑且稱為
姻族。律例規定的婚姻雖以夫與妻的結合為主，但亦認定夫與妾的結合。
妾並非私通之女，而是法律認定的第二級配偶，所以有由夫妻關係及夫妾
關係發生的姻族，說明如下：

- - - - - - - - - - - - - -

[1]　A（妻）←甲（兄）；乙（弟）→B（妻）則A與B為配偶之血親之配偶〈妯娌〉。

[2]　A（夫）←甲（姊）；乙（妹）→B（夫）則A與B為配偶之血親之配偶〈連襟〉。

(1)由夫妻關係發生之姻族關係

①夫與妻之關係：夫妻是宗族的根源，而律例採取夫妻一體制，將妻準照夫的宗族。

②妻與夫之親族關係：律例注重夫的親族，因而妻與夫的血族（包括男系及女系），及夫的血族之妻發生親族關係。

③夫與妻之親族關係：夫與妻的親族亦發生親族關係。因為律例注重夫的親族，因而夫與妻的親族的親族關係比妻與夫的親族的親族關係效力弱且範圍小。妻與夫的姻族發生親族關係，夫卻僅與妻的血族發生親族關係而已。

④妻與夫的前妻之子、妾之子之親族關係，夫與妻的前夫子之親族關係：律例稱此等3人為繼父母或嫡母。

⑤妻與夫的前妻本生親族之親族關係：夫與亡妻的本生親族仍然存續親族關係，但後妻與前妻的本生親族不發生親族關係。

⑥養媳及養婿與其未來配偶的親族之親族關係：律例認定收養未達適婚年齡的幼女將來作為其子之妻的過門童媳，及幼男將來作為其女之夫的過門童養婿，今簡稱前者為養媳，後者為養婿。本來姻族關係在男女結婚後發生為原則，養媳及養婿卻在過門時，與將來成為配偶的親族發生同於由婚姻發生的親族關係。

(2)由夫妾關係發生之親族關係

①家長與妾之關係：妾稱夫為家長，妾的地位比妻為低。然而同為法律所認定的配偶，不僅以妾為家長的親族，而且準照宗族。

②妾與家長的親族之親族關係：妾亦與家長的親族發生親族關係，但妾的地位比妻為低，以致妾與家長的親族的親族關係比妻與夫的親族的親族關係效力為弱，範圍亦小。律例規定妾僅與家長的祖父母、父母、妻、子、孫發生親族關係，但是妾與自己所生的子孫曾玄是血族關係而不限定親族範圍。妾有親生子女時對家長的子孫（除自己所生的子女）有庶母及庶祖母身分。

③妾與妻及他妾之親族關係：除與妻及他妾外，與此等人的本生親族

不發生親族關係。

④家長與妾的本生親族之親族關係：不發生任何親族關係。

二、親屬之親系

親系乃親屬間彼此連繫之系別，除配偶外，一切親屬中皆應有所謂親系。依男子而連繫之親屬為男系親[3]，依女子而連繫之親屬為女系親。依「父」或「母」為準之分類，可分父系親、母系親。惟父系親與男系親範圍並不一致，母系親亦非全為女系親，例如，姑姑為父系親非男系親；舅舅為母系親非女系親。我民法採取男女平等主義，無庸區別男系親與女系親，血親包括父系與母系。例如，民法第1131條親屬會議會員之組成是。親系又有直系與旁系之分：

（一）血親之親系

(1)直系血親：直系血親乃己身之所從出，或從己身所出之血親（民§967Ⅰ）。前者，如父母、祖父母是，稱為直系血親尊親屬；後者，例如子女、孫子女是，稱為直系血親卑親屬。

(2)旁系血親：旁系血親乃非直系血親，而與己身出於同源之血親（民§967Ⅱ）。例如叔伯祖父、叔父伯父、兄弟姊妹、姪子女、姪孫子女是。

中國的親族名稱極為複雜，分述如下：

1. 直系血族的名稱

僅分別男女卑幼時稱為子、女、孫、孫女等不同而已。「子」是男子，「女」是女子，孫以下之女在「孫」之下加「女」，例如孫女、曾孫女。五世以上之祖及五世以下之孫皆冠世數於「祖」或「孫」之上，例如五世祖、六世孫。

臺灣過去習俗，稱父為爹，母為娘，祖父為公，祖母為媽，曾祖父為

- - - - - - - - - - - - - -

[3] 我國舊制，重男系而輕女系，將親屬分為宗親與外親。以男系子孫為宗親（本宗），女系親稱為外親（外姻）。

公祖，曾祖母為祖媽。

2.旁系血族的名稱

(1)與自己同輩者稱男為兄弟，女為姊妹，比自己年長則稱為兄姊，年幼則稱為弟妹。與自己同輩者，最近父系稱為兄弟姊妹，祖父以上之系順序冠以「從」、「再從」及「三從」。

(2)與父同輩者稱男為伯父或叔父，女為姑。與祖同輩者，稱為伯叔祖父及祖姑。與曾祖以上同輩者，冠以「曾」或「高」稱為曾伯叔祖父、曾祖姑、高伯叔祖父、高祖姑，五世以上之祖皆與直系尊屬親相同冠以世數。伯叔父及姑除祖父系外，另有曾祖系及高祖系，伯叔祖父亦除曾祖系外，另有高祖系及五世祖系，曾高伯叔祖亦另有同輩，所以將最近親稱為伯叔父及姑、伯叔祖父及祖姑等，其餘同於兄弟姊妹，順序冠以「從」、「再從」、「三從」分別。

(3)與子同輩者稱男為姪，女為姪女。孫輩以下稱為姪孫、曾姪孫、玄姪孫，女則在「孫」之下附以「女」，再下一輩則冠以「五世」、「六世」等世數。又以「從」、「再從」、「三從」等分別同列親的遠近。

　「從」亦以「堂」替代，例如，堂兄弟姊妹、堂姑、堂伯叔父母。又對於從、再從等遠系兄弟姊妹、伯叔父母、姑、姪的最近系亦冠以「親」或「胞」，例如親兄弟、胞伯叔父。對於高曾祖系的尊親及同輩亦冠以「族」，例如族祖父、族伯叔父、族兄弟、族姑等。由五世以上祖系傳下的本宗親通常冠以「無服族」，稱為無服族伯、無服族姪。

　臺灣過去習俗，稱從兄弟姊妹為親堂（或叔伯）兄弟姊妹，伯叔祖父母為伯叔公、伯叔媽，曾伯叔父母為曾伯叔公祖、曾伯叔祖媽。

（二）姻親之親系

(1)血親之配偶：血親之配偶，從其配偶之親系（民§970①），如子為血親，則媳為直系姻親；兄為旁系血親，則嫂為旁系姻親是。

(2)配偶之血親：配偶之血親從其與配偶之親系（民§970②），如妻之父

母為妻之直系血親，則己身與妻之父母即為直系姻親。妻之兄弟為妻之旁系血親，則己身與妻之兄弟即為旁系姻親。

(3)配偶之血親之配偶：配偶之血親之配偶，從其與配偶之親系（民§970③），如妻之兄弟之妻為妻之旁系姻親，亦為夫之旁系姻親；夫之姪媳為夫之旁系姻親，亦為妻之旁系姻親是。

中國姻族之名稱可分：

1. 本宗姻族

即男血族之妻，女血族之夫要列於外親：

(1)男血族之妻係尊屬時，以「母」代替「父」稱為伯叔母、從伯叔祖母等。民間俗稱伯母為姆，叔母為嬸。

(2)同輩親附「妻」於稱呼之下，稱為兄妻、弟妻等。兄妻又稱為兄嫂，弟妻又稱弟婦。

(3)卑屬附「婦」於稱呼之下，稱為子婦、孫婦、姪婦等，民間通常以「媳」代替「婦」。

2. 夫族及家長族

均在本來稱呼冠以「夫」或「家長」，但妻稱夫的父母為舅姑。律例注重本宗，所以本宗的名稱甚清楚，反之，外親則不明確。尊卑為婚輯註有：父母之姑舅兩姨姊妹即己之表姑、表姨也（亦即父母的兄弟是表伯叔、表舅）。己之堂姨與再從姨即母之堂姊妹、再從姊妹也（亦即堂舅、再從舅是母的堂兄弟、再從兄弟）。父母之姨與堂姨即己之祖姨也（亦即父母的舅及堂舅是自己的祖舅。姨有堂姨而無堂祖姨）。母之姑與堂姑即己之外祖姑也（亦即母的堂姑似可稱為外堂祖姑）。

三、親屬之輩分

輩分為吾國禮俗所重視，結婚與收養講求輩分相當，不得逾越輩分（民§983、§988、§1073-1③）。各種親屬依尊卑排在橫排之上，與自己同一世代者為同輩（同行、平輩），互稱為兄弟姊妹；由同輩而上，則為父輩、祖父輩；由同輩而下，則為子輩、孫輩。民法以父輩以上之

親屬稱為尊親屬，以子輩以下之親屬稱為卑親屬，同輩稱為同輩親屬（民§1131 I ③）。

四、親屬之親等

親等乃表示親屬關係遠近親疏之尺度，其計算有羅馬法主義與寺院法主義兩種，我民法採取前者，分血親親等之計算與姻親親等之計算如下：

（一）血親親等之計算

民法第968條規定，血親親等之計算為：

1. 直系血親，從己身上下數，以一世為一親等，例如父與子為一親等，祖與孫為二親等是。

2. 旁系血親，從己身數至同源之直系血親，再由同源之直系血親，數至與之計算親等之血親，以其總世數為親等之數。例如己身與兄計算親等時，則數至同源之父（一世），再由父數至兄（一世），共計為二世，則己身與兄為二親等是。

（二）姻親親等之計算

民法第970條規定姻親親等之計算方法如下：

1. 血親之配偶，從其配偶之親等，例如子為一親等直系血親，則媳為一親等直系姻親是。

2. 配偶之血親，從其與配偶之親等，例如夫之父為夫之一親等直系血親，則為妻之一親等直系姻親是。

3. 配偶之血親之配偶，從其與配偶之親等，例如妻之兄弟之妻，為妻之二親等旁系姻親，即為夫之二親等旁系姻親是。

五、親屬關係之發生與消滅

1. 血 親

自然血親因出生、準正（民§1064）、認領（民§1065）而發生，因死亡而消滅。擬制血親則因收養（民§1072）而發生，因死亡、終止

收養關係而消滅[4]（民§1080、§1081）。

2. 姻　親

姻親關係因結婚而發生，因死亡、離婚或婚姻之撤銷（民§971）而消滅。而所謂死亡，死者與生存配偶一方親屬間姻親關係消滅，但尚生存之配偶與死者間親屬之姻親關係仍不消滅，蓋依我國立法之解釋而言，「死亡」僅生死亡者與其生存親屬之關係消滅而已，並不及於尚生存之配偶與其他親屬間之關係。針對配偶之一方死亡後，尚生存之他方配偶若再婚，是否即解消生存配偶與死亡配偶一方親屬間之姻親關係，在此有不同見解。[5]

中國過去律例規定的親族關係原則上由血統及婚姻發生，另有以法律擬制認定的由收養及恩義名分（例如繼父母及嫡母、庶母）發生的親子關係，並依其血統分為男系與女系。婚姻除夫妻關係以外，亦認定夫妾關係。養子分為繼承及不繼承宗祧等，其範圍及效力因而不同。

- - - - - - - - - - - - - -

[4]　見戴炎輝、戴東雄著《中國親屬法》90年5月版，頁42，宜類推民法第971條，亦視為血親消滅原因。

[5]　不同見解可分為：

1.否定說（民§971之立法修正理由）

(1)依74年6月修正之民§971，將原本舊法時期「夫死妻再婚或妻死贅夫再婚」構成姻親關係消滅事由之規定加以刪除，可見新法已不認為配偶之一方死亡時，生存一方配偶之再婚構成姻親關係之消滅原因。

(2)再者，依我國民間習俗，夫死妻再婚或妻死夫再婚者，其與死亡之夫（妻）方親屬仍維持原有姻親情誼者，仍所在多有，故不宜遽認生存配偶之再婚構成姻親關係之消滅。

2.肯定說（戴東雄）

戴東雄教授認現行法上否認生存配偶之再婚為姻親關係消滅之事由，此等立法有未盡妥適之處，故宜在將來立法上做修正，其理由如下：

(1)強制生存方配偶與前配偶之親屬繼續姻親關係，似不夠尊重當事人意思，故為免親屬關係複雜化，應使再婚成為親屬（姻親）關係消滅之原因。

(2)姻親乃藉婚姻為媒介，與一定親屬發生法律上權利義務。如配偶一方死亡，他方再婚時，應使該法律上權利義務由新婚配偶之親屬取代，以符合當事人之真意並符合姻親制度於社會上實際之功能與實益（蓋生存方之再婚，通常即有消滅與前配偶親屬間姻親關係之意思）。

（一）由血統發生之親族關係

1. 血族關係之發生

子女在出生後與父母及父母的血族發生親族關係，親子關係是血族關係的第一連鎖，祖孫及叔姪、兄弟姊妹關係是由此關係延長者，所以親子關係斷絕時（例如賣斷子女時），祖孫及叔姪等關係亦隨之斷絕。而子承父母兩系，父母亦各承其父母兩系，順序推展其血族關係，因而發生男系、女系及男女混合系。由於律例特別注重男系血族，並以宗族或同宗區別其餘的親族，因而親族的效力，宗族比其他親族為大，而且範圍頗為廣泛，此乃中國親族法的一大特點。

2. 血族關係之消滅

血族關係除死亡外，以不消滅為原則，但律例規定下列例外：

(1)出母及嫁母

與父離婚之母稱為出母，改嫁或夫亡後招入後夫之母稱為嫁母。出母、嫁母與其子限於雙方一身存續親族關係，子與母的本生親族及母與子的直系卑屬皆斷絕親族關係，僅子與其妻是夫妻一體，以姻族存續親族關係而已。

臺灣過去的慣例亦然，但生母在父亡後招夫留在夫家而亡時，子通常為此母服三年之喪，與母的本生親族亦保持親族關系。

(2)賣斷的子女

與本生親族斷絕親族關係，例如贖身回家則恢復本來的關係。律例規定具備某種條件時，准許尊屬典賣卑屬為他人的奴婢妻妾子女，被賣斷的子女是否與本生親族仍存續親族關係？卻未見其規定。因為子女被賣斷後，不必扶養本生祖父母、父母，在身分上、財產上亦無任何權利與義務，所以可視為已不存親族關係。

（二）由收養發生之親族關係

由收養發生的親族關係效力及範圍，依養子的種類有所不同，律例規定與臺灣的慣例亦不一致，分述如下：

1. 所後父母（嗣父母）及過繼子（嗣子）

過繼子是繼承宗祧的養子，而稱其養父母為所後父母。所後父母與過繼子的親族關係，完全準照親生子，並在養家取得嫡長子地位。所後父母及其親族與過繼子及其配偶、直系卑屬的親族關係亦準照親生子。

2. 義父母及義子

義子是不繼承宗祧的異姓或同姓異宗養子。而男子稱為義男，女子稱為義女，此子稱其養父母為義父母。義父母與義子的親族關係，得以終身相依倚，亦得由義父母酌給財產，無親族關係。

3. 養父母及養子

收養三歲以下棄兒及同宗子（不立為後嗣時）之人稱為養父母。養父母與養子關係及隨之發生的親族關係，因終止收養消滅，且養母與養父離婚或改嫁到他家時，養母與養父義絕，養母子關係亦隨之消滅。

4. 臺灣過去之慣例

臺灣不行宗祧繼承制，亦不屬行異姓亂宗的禁令，因而養子不論同姓與異姓，同於親生子參與祭祀祖先及分配家產，與律例規定的養子不盡相同。

養子之種類有：

(1)過房子及過繼子：不論同姓或異姓，與生家不斷絕關係的養子皆稱為過房子或過繼子。

(2)螟蛉子：不論同姓或異姓，與生家斷絕關係的養子；與生家斷絕親族關係之養棄兒，亦包括在內。

(3)養女：不論同姓或異姓及與生家斷絕關係與否，一律稱為養女。

臺灣過去之慣例，養子女均在養家取得與親生子女相同的身分，養親及其親族與養子及其配偶、直系卑屬發生與親生子相同的親族關係。在終止收養養子關係時消滅，養母子關係亦在養父與養母解除婚姻時消滅。

（三）由恩義名分發生之親族關係

律例除認定實親子及養親子關係之外，亦認定依恩義名分擬制的親子關係，姑且稱為擬親子關係。養親子及擬親子關係均無血統關係而準照親子關係，姑且稱為準血族。依恩義名分擬制的親子關係，例如繼父與妻的前夫子的親族關係、繼母與夫的前妻子的親族關係、嫡母與庶子的親族關係、庶母與嫡子、庶子的親族關係、慈母（慈母是庶子稱撫育自己的父妾）與慈子的親族關係、乳母子的親族關係是。

（四）由婚姻發生之親族關係

律例並無表示由婚姻發生的親族關係的特別名稱，姑且稱為姻族。律例規定的婚姻雖以夫與妻的結合為主，但亦認定夫與妾的結合，說明如下：

1. 由夫妻關係發生之姻族關係

(1)夫與妻之關係：夫妻是宗族的根源，而律例採取夫妻一體制，將妻準照夫的宗族。

(2)妻與夫之親族關係：律例注重夫的親族，因而妻與夫的血族（包括男系及女系），及夫的血族之妻發生親族關係。

(3)夫與妻之親族關係：夫與妻的親族亦發生親族關係。因為律例注重夫的親族，因而夫與妻的親族的親族關係比妻與夫的親族的親族關係效力弱且範圍小。妻與夫的姻族發生親族關係，夫卻僅與妻的血族發生親族關係而已。

(4)妻與夫的前妻之子、妾之子之親族關係，夫與妻的前夫子之親族關係：律例稱此等人為繼父母或嫡母。

(5)妻與夫的前妻本生親族之親族關係：夫與亡妻的本生親族仍然存續親族關係，但後妻與前妻的本生親族不發生親族關係。

(6)養媳及養婿與其未來配偶的親族之親族關係：律例認定收養未達適婚年齡的幼女將來作為其子之妻的過門童媳，及幼男將來作為其女之夫的過門童養婿，今簡稱前者為養媳，後者為養婿。本來姻族關係在男

女結婚後發生為原則，養媳及養婿卻在過門時，與將來成為配偶的親族發生同於由婚姻發生的親族關係。

2. 由夫妾關係發生之親族關係

(1)家長與妾之關係：妾稱夫為家長，妾的地位比妻為低。然而同為法律所認定的配偶，不僅以妾為家長的親族，而且準照宗族。

(2)妾與家長的親族之親族關係：妾亦與家長的親族發生親族關係，但妾的地位比妻為低，以致妾與家長的親族的親族關係比妻與夫的親族的親族關係效力為弱，範圍亦小。律例規定妾僅與家長的祖父母、父母、妻、子、孫發生親族關係，但是妾與自己所生的子孫曾玄是血族關係而不限定親族範圍。妾有親生子女時，對家長的子孫（除自己所生的子女）有庶母及庶祖母身分。

(3)妾與妻及他妾之親族關係：除與妻及他妾外，與此等人的本生親族不發生親族關係。

(4)家長與妾的本生親族之親族關係：不發生任何親族關係。

3. 姻親關係之消滅

解除婚姻時，姻親關係亦隨之消滅。

案例一

　　典試法第21條規定，典試委員如有配偶或三親等內血親、姻親為應考者，應行迴避。茲有甲生女乙，並收養子丙，乙結婚後生子A，A欲參加普通考試時，丙之配偶丁，可否擔任典試委員？

解　析

1.稱直系血親者，謂己身所從出，或從己身所出之血親。稱旁系血親者，謂非直系血親，而與己身出於同源之血親（民§967）。依第1077條規定養子女與養父母關係與婚生子女同，又依第967條第2項規定，乙、丙為旁系血親。

2.關於血親親等之計算，依第968條規定，A與丙為旁系血親三親等。

3.關於姻親親等之計算，依第970條第1款規定，從其配偶，A與（丙之配偶）丁為旁系姻親三親等。

丁與A係旁系姻親三親等，故丁不可擔任典試委員，應行迴避。

案例二

甲男與乙女為夫妻，乙女有一表姊之女兒丙，年滿二十一歲，長得秀麗可愛。甲男常借機親近丙女，引起乙女不滿。甲男與乙女為此爭吵不休，終告依法協議離婚。試問：甲男與乙女離婚後，可否與丙女結婚？

解 析

甲、乙離婚前：

1.依第967條第2項及第968條規定，乙、丙為旁系血親五親等。

2.又依第970條第2款之規定，（乙之配偶）甲與丙為旁系姻親五親等。

甲、乙離婚後：

1.依第971條前段之規定：「姻親關係，因離婚而消滅」。甲、乙離婚後，甲、丙姻親關係消滅。

2.又依第983條第2項規定，「前項直系姻親結婚之限制，於姻親關係消滅後，亦適用之」。換言之，甲、丙既為旁系姻親，本條禁婚親限制之規定不適用之。

故甲男與乙女離婚後，與丙女結婚，並不違反第983條之規定。

歷屆高普考特考試題

1. 姻親之親等如何計算？（81高檢）

2. 何謂親等？血親之親等如何計算？（81高檢）

3. 典試法第21條規定，典試委員如有配偶或三親等內血親、姻親為應考

者，應行迴避。茲有甲生女乙，並收養子丙，乙結婚後生子A，A欲參加普通考試時，丙之配偶丁，可否擔任典試委員？（83書）

4. 民法上之姻親範圍如何？姻親關係何時消滅？姻親關係消滅後，直系姻親間之結婚有無限制？（84基乙）

5. 親等如何計算？若甲死亡後，其妻乙再改嫁於丙，試問乙與甲之母親是否仍有親屬關係？乙與丙之前妻丁所生之子戊具有何種關係？
（85調查特）

6. 何謂血親？何謂姻親？其親等如何計算？試舉例說明之。
（85高普中醫檢）

7. 甲、乙為夫妻，並收養丙女。丙未婚，但已懷胎A。甲另與丁女有同居關係，丁因而懷胎B。丙為與乙爭奪家產，遂偽造甲之遺囑，甲知情後，怒而將丙趕出家門，且聲明絕不再與丙見面。一個月後，丙生下A。又過三天，甲心臟病發而去世；B則尚未出生。請問：甲之遺產，應由何人繼承？其應繼分為何？（94地方特考三等法制）

8. 甲重男輕女，2000年與乙女結婚後次年生一女丙，2002年與丁女婚外情生戊（男），2003年底乙又懷孕（胎兒己），請問：
（一）甲於丁女生戊後大喜，絲毫不顧乙女之感受，竟將大部分的家產移轉登記為戊所有，乙女可為如何之救濟？
（二）倘甲於2004年初不幸遇難死亡，甲男的遺產如何繼承？
（三）承前題，如果乙女於甲死亡後將甲男的遺產全部繼承登記為乙、丙胎兒己三人共有，請問丁與戊可為如何之救濟？
（95軍法官）

9. 甲育有三子乙、丙、丁（甲妻早歿），乙娶戊女為妻，並生有一子己，戊女現又懷胎三個月；丙娶庚女為妻，生有一子辛、一女壬；丁剃度為僧。某日，甲偕乙搭機至外島旅遊，因飛機失事，甲、乙不幸同時死亡，甲遺有大筆積極財產，而乙遺有大筆消極財產，並無積極財產。試問：甲之繼承人為何人？應繼分各為若干？又乙之繼承人為何人？若乙之繼承人全部欲拋棄繼承，則戊女懷孕之胎兒是否亦須拋

棄繼承？（98司法官）

10.甲男與乙女為夫妻，生下雙胞胎之丙女與丁女。甲男為傳香火，認識戊女。戊女之夫赴大陸經商多年，久未返回台灣。戊女對甲男詐稱仍為單身。二人同居一年後，生下A男。甲男乃提供A男之生活日用品。甲男為丙女之營業，贈與60萬元。甲男贈與一年後，因車禍死亡。甲男死亡時對債權人己與債權人庚分別負債120萬元與240萬元。試問：甲男死亡而留下720萬元時，應如何繼承？（99司法官）

11.甲與乙結為夫妻，因不孕而收養A，但其後卻接連生B、C二子女，A與D結婚，並育有X、Y二人，甲在妻乙死亡後性情大變，容不了A、D，A乃與甲協議終止收養，但甲仍留下X、Y，A於與甲終止收養關係後不久，即因病死亡，不到半年甲也因車禍而去世。甲死時，遺有新臺幣600萬元淨額遺產。問，若不考慮夫妻剩餘財產之分配，本案究竟何人有權繼承甲之遺產，其應繼分各為多少？（100軍法官）

12.甲中年喪偶，有子女丙、丁、戊三人。甲對乙負有債務600萬元。甲將其價值600萬元之房屋贈與丙，並辦妥所有權移轉登記。又將其價值200萬元之古董贈與丁，並交付之。半年後，甲死亡，留有財產200萬元，但對乙之債務尚未清償。丙依法拋棄繼承。丁依法開具遺產清冊，陳報法院。試問乙對丙、丁、戊有何權利得以主張？（100三等書記官）

13.甲有乙、丙、丁等3子女，死亡時甲的名下有一棟房屋及若干存款、股票及動產，價值共2000萬元，甲對戊負有600萬元債務，對庚有400萬元債權。乙成家自立門戶時，甲以500萬元資助其購買房屋，丙向甲借款200萬元購買連動債，因金融危機已血本無歸，丁與甲居住，每月給甲生活費，總共已給甲300萬元。試問：乙、丙請求丁分割遺產時，丁得如何主張扣還及扣除？遺產分割後，對於乙所分得之遺產、債權，丙、丁是否應負何種責任？（100四等書記官）

14.甲已喪偶，有一子戊為知名畫家。甲擅自以自己名義將戊之畫作賣給知情之乙，並交付之。同時又向乙借款六百萬元。其後，甲為丁作

保，與丁之債權人丙訂立以五百萬元為限之最高限額保證契約。丁先向丙借款三百萬元，於甲死亡後，再向丙借款二百萬元。甲死亡時，對乙所負之債務已屆清償期，惟甲僅留有遺產三百萬元。又丁因事業失敗，而無法償還對丙之債務。乙於甲死亡後，對戊求償六百萬元，戊將所繼承之三百萬元返還給乙。其後，丙向戊求償五百萬元，戊以已無遺產為由，拒絕償還。試問：丙、戊之主張各有無理由？（20分）丙、戊對乙有無權利得以主張？（10分）甲對戊之畫作所為之處分，是否有效？甲死亡後，有無變化？（100司法官）

15. 甲與某乙兄弟2人之父親某丙於民國99年4月22日過世，遺有現金新臺幣（以下同）3000萬元。某甲與某乙之母親某丁於99年7月30日過世，遺有現金2000萬元（此部分不包括繼承父親某丙之遺產）。試依民法相關規定分析某甲與某乙，如何繼承該遺產。（101三等關務人員）

16. 甲男與乙女同居，生下丙男後，二人才結婚。結婚後，又生丁女。若甲以遺囑指定應繼分為丙四分之三，丁四分之一。甲死亡時，遺有積極財產新臺幣（下同）800萬元，債務200萬元。請問乙以甲所指定之應繼分侵害其特留分為由，行使扣減權時，繼承人取得之數額各若干？（101軍法官）

17. 甲與乙結婚後生有三子丙、丁、戊，丙娶己生有A1、A2二子，丁娶庚生有B1一子，戊娶辛生有C1、C2、C3三女。嗣乙女早逝未有遺產，後來甲死亡時遺留財產總值新臺幣1,800萬元。設丙先於甲死亡，而戊對甲有重大之虐待行為，卻僅見甲生前殷殷相勸，未曾惡言相向或有其他之抱怨。請問：何人有繼承權，可分別繼承金額若干？（15分）設丙、丁、戊三人均死於甲之前。請問：何人有繼承權，可分別繼承金額若干？（101三等書記官）

18. 甲名下有一價值1,000萬之房屋，500萬之存款。乙、丙、丁為甲之子女，乙生有A、B兩女，丙有一子C及孫D。丙與C於99年外出車禍同時死亡；100年1月1日乙則持刀殺傷甲，嗣後於101年傷害罪判決確定。甲則因迭經變故鬱鬱寡歡，於100年7月1日死亡。試問A、B、D得否代

位繼承？又其繼承人為誰？應繼分各為如何？（101四等書記官）

19. 甲男係家中獨子，月入約20萬元，於100年7月認識乙女，展開熱烈追求，並於100年10月間，贈與乙價值1,000萬元之房屋1棟；於同年11月間，甲為感謝父親丙、母親丁之養育，各贈與丙、丁100萬元。於100年12月3日，甲與乙在雙方家長主持下，在著名大飯店內舉行盛大結婚典禮，翌日即前往南部旅遊多日，於返家途中不幸發生車禍，甲當場死亡。經清查後，甲於A銀行尚有存款300萬元，惟尚欠於100年9月1日向B銀行貸款之500萬元未清償；丁於101年1月3日完成拋棄繼承程序。試問：甲之遺產由何人繼承？比例為何？（15分）B銀行主張乙、丙、丁自甲所受之贈與，均屬甲之遺產範圍，是否有理？乙、丙、丁就B銀行之主張，得為如何之抗辯？（101律師）

第二章 婚 姻

第一節 婚 約

一、婚約之意義

婚約乃男女雙方預定將來結婚之契約，習慣上稱為訂婚。婚約為結婚之預約，但結婚不以先有預約為必要。婚約並不生任何身分上之效力，縱有婚約，並不能阻礙訂婚人另與他人結婚，且訂婚人與他方血親間，不生姻親關係，訂婚人同居，亦不生結婚之效力。

二、婚約之要件

婚約為不要式行為，僅當事人合意，即可成立（69臺上3672）。

婚約須具備之實質要件：

（一）須當事人有訂婚能力

訂婚能力以有意思能力為已足，心神喪失之人，無訂婚能力。

（二）須當事人自行訂定（民§972）

即不許由代理人代為訂定婚約。父母代子女所訂之婚約無效，既不生婚約解除亦不生損害賠償之問題（民§977 I）。身分行為不適用無權代理之規定，其代理行為當然無效，不因子女之承認而發生效力（民§170）。惟如當事人雙方均承認代訂之婚約時，則可認為重新訂定婚約（33上1723、37上8219）。

（三）須達訂定婚約之年齡（民§973）

男未滿17歲、女未滿15歲者，不得訂定婚約。為防青少年男女思慮未

周，輕率訂定婚約，故有此限制[1]。

（四）未成年人訂婚應得法定代理人之同意（民§974）

未成年人思慮欠周密，法律為保護其人，且為維持家庭生活圓滿，故規定須得其法定代理人之同意。法定代理人無正當理由拒絕同意者，認為仍非得其同意不可（36院解3399）。有學者主張此行為已構成權利之濫用，似可請求法院剝奪法定代理人之親權，而為救濟[2]。未得法定代理人同意之婚約，其效力如何，民法並無規定，婚約非屬財產上行為，無民法第79條之適用，應準用民法第990條之規定，即法定代理人有撤銷該婚約之權，如事後承認婚約者，其撤銷權即歸消滅[3]。又未成年人使用詐術使人信其為成年人或已得法定代理人之同意而訂定婚約者，不能強制其婚約為有效，法定代理人仍可撤銷該婚約；民法第83條之規定，於婚約應不適用。

綜上所述，有學者認為下列情形亦屬於違背婚約之要件：

（一）被詐欺或被脅迫（民§997）

凡未告知重大事項者，可視為詐欺；已經訂婚，再與他人訂婚，若後訂定婚約之相對人不知情者，亦可構成詐欺（7上1365、15上1462）。

（二）不能人道

應類推適用民法第995條。

（三）禁婚親之訂婚

應類推適用民法第983條、第988條。

---

[1] 違反第973條之規定其效果如何，學說有二，撤銷說（戴東雄）：認應類推適用第989條關於違反結婚年齡撤銷之規定。無效說（林秀雄）：依第71條規定，違反本條規定，其婚約無效。

[2] 戴炎輝、戴東雄著《中國親屬法》，頁55。

[3] 無效說（林秀雄）：違反第974條之規定，亦即違反第71條之規定，故應解為無效。

（四）有配偶復與他人訂立婚約者

應類推適用民法第985條、第988條。

三、婚約之無效與撤銷

婚約之無效與撤銷，民法未明文規定，惟婚約係結婚之預備行為，不應適用總則編之規定，而應類推適用結婚無效與撤銷之規定，民法第79條至第83條不應適用。

（一）婚約無效之原因與效力

1. 無訂婚能力（無意思能力）

例如心神喪失之人所訂之婚約即屬無效。

2. 當事人無合意

例如當事人同一性之錯誤（假冒）、通謀虛偽意思表示（民§87）、心中保留（民§86）皆屬當事人無合意。

3. 禁婚親之婚約

類推適用民法第988條第2款之規定。

4. 有配偶者之婚約

類推適用民法第988條第3款之規定。

婚約無效係當然無效，任何人皆得主張。當事人間有禮物之交付者，得依民法第979-1條，請求他方返還贈與物。至當事人因婚約無效，而受有財產上之損害時，可否請求損害賠償，學者間則有不同見解。

（二）婚約撤銷之原因與效力

1. 男未滿17歲女未滿15歲

當事人或其法定代理人得撤銷之，類推適用民法第989條之規定。

2. 未成年人未得法定代理人之同意

法定代理人得撤銷之，惟事後若已承認婚約，則其撤銷權消滅（準用§990）。未成年人本人不得撤銷之。

3. 被詐欺或被脅迫

本人於發見詐欺或脅迫終止後六個月內，得撤銷之（準用§997）。

4. 不能人道

相對人得撤銷之（準用§995）。

婚約之撤銷與婚姻之撤銷不同，無須請求法院裁判，由撤銷權人向相對人為撤銷之意思表示，即發生效力。又婚約之撤銷，有溯及之效力，溯及婚約訂定時，消滅其效力，與民法第998條規定婚姻撤銷之效力，不溯及既往不同。蓋婚約當事人尚未結婚，與第三人未發生複雜關係之故。

婚約當事人間，因訂定婚約而為贈與者，婚約撤銷時，依民法第979-1條規定，得請求他方返還贈與物。此外，應可類推適用民法第999條之規定，於婚約撤銷時，當事人之一方，因婚約撤銷而受有損害者，如他方有過失者，得請求損害賠償；上述情形，如受害人無過失時，其所受非財產上之損害，亦得向他方請求賠償；惟此項非財產上之損害賠償請求權，係一身專屬權，非已依契約承諾或已起訴者，不得為讓與或繼承。

四、婚約之效力

（一）身分上效力

男女訂婚之後，社會一般稱為未婚夫妻（民訴§307Ⅰ①、刑訴§180Ⅰ②）。在法律上，尚未發生配偶關係或姻親關係，亦不負同居之義務（23上937）。婚約當事人之一方再與他人訂定婚約者，他方固得解除婚約，但不能對於他人間之婚約請求撤銷；且於訂定婚約後，一方又另與他人結婚者，他方亦不得指他人間之結婚為重婚[4]。婚約不得請求強迫履行（民§975、23院1135）。婚約附加違約金條款者，該條款無效。

（二）違背婚約之損害賠償

民法第978條規定：「婚約當事人之一方，無第976條之理由而違反婚約者，對於他方因此所受之損害，應負賠償之責。」此之損害，指積極

---

[4]　24院1271、24院1213、29院2103、29上1539。

的損害，不及於消極的損害。例如購置妝奩、租用房屋是。

　　上述情形，雖非財產上之損害，受害人亦得請求賠償相當之金額，但以受害人無過失者為限。此種請求權，不得讓與或繼承；但已依契約承諾，或已起訴者，不在此限（民§979）。至於違反婚約所生之損害賠償請求權，民法第979-2條設有短期消滅時效之規定，即因兩年間不行使而消滅。

五、婚約之解除

（一）當事人死亡

　　當事人死亡不生損害賠償，亦不得請求返還贈與物（21院838、德民§1301、瑞民§91Ⅰ）。

（二）解　除

1. 合意解除

　　法無明文規定，惟結婚可依兩願而離婚（民§1049），婚約當然可依合意解除之。

2. 法定解除

(1)原因（民§976Ⅰ）

①婚約訂定後再與他人訂定婚約或結婚者（民§976Ⅰ①）。

②故違結婚期約者（民§976Ⅰ②）：民法未規定故違之期間，如約定有婚期者，故意違反，即表示不願履行婚約，他方自可解除之；如未約定婚期，惟雙方當事人均已達法定結婚年齡者（民§980），則須經催告，催告之後，相對人仍不履行時，始可解除婚約。例如遭遇母喪、服役或己身有病，不能如期成婚，不得謂為故違期約。

③生死不明已滿一年者（民§976Ⅰ③）：生死不明云者，未知其已死或尚生存之謂，如確知其人尚生存，但不知去向，自不得謂為生死不明。

④有重大不治之病者（民§976Ⅰ④）：所謂重大不治，乃醫學上不

易治療之謂。例如癌症、愛滋病是。若有所爭執，應依鑑定方法以資判斷，疾病之種類則可不問。

　　⑤有花柳病或其他惡疾者（民§976Ⅰ⑤）：惡疾者，有礙於將來夫妻共同生活之疾病。例如花柳病、痲瘋、肺癆、精神病是。其惡疾雖有治癒之望，亦構成本款之解除婚約原因，與前款之原因不同。

　　⑥婚約訂定後成為殘廢者（民§976Ⅰ⑥）：所謂殘廢，係指凡人身五官陰陽之機能，有一失其作用者而言（大理院7上910），本款設有「婚約訂定後」之限制，則在訂婚前已有者，即無本款之適用，惟訂婚前已殘廢，故意不告知他方者，他方得以被詐欺而撤銷婚姻。

　　⑦婚約訂定後與人通姦者（民§976Ⅰ⑦）：所謂通姦，指訂婚人之一方，與另一方以外之異性有性交而言，該異性不必係有配偶之人。至刑法上是否成立通姦罪，在所不問。

　　⑧婚約訂定後受徒刑之宣告者（民§976Ⅰ⑧）：婚約當事人之一方於婚約訂定後，經確定判決受刑之宣告為已足，至刑之久暫、犯罪種類如何、有無受緩刑之宣告、已未受刑之執行，均非所問。

　　⑨有其他重大事由者[5]（民§976Ⅰ⑨）：何者謂之重大事由，應斟酌

---

[5]　外國立法例，有僅設類此概括規定而不予例示者（德民§1298、§1299、瑞民§92）。

德民§1298: Ersatzpflicht bei Rucktritt

1.Tritt ein Verlobter von dem Verlobnisse zuruck, so hat er dem anderen Verlobten und dessen Eltern sowie dritten Personen, welche an Stelle der Eltern gehandelt haben, den Schaden zu ersetzen, der daraus entstanden ist, das sie in Erwartung der Ehe Aufwendungen gemacht haben oder Verbindlichkeiten eingegangen sind. Dem anderen Verlobten hat er auch den Schaden zu ersetzen, den dieser dadurch erleidet, das er in Erwartung der Ehe sonstige sein Vermogen oder seine Erwerbsstellung beruhrende Masnahmen getroffen hat.

2.Der Schaden ist nur insoweit zu ersetzen, als die Aufwendungen, die Eingehung der Verbindlichkeiten und die sonstigen Masnahmen den Umstanden nach angemessen waren.

3.Die Ersatzpflicht tritt nicht ein, wenn ein wichtiger Grund fur den Rucktritt vorliegt.

德民§1299: Ersatzpflicht bei schuldhafter Veranlasung des Rucktritts

當事人之教育程度、地位、職業等各情節，依社會之一般觀念判斷之。例如雞姦（大理院6統609）。

上述各款事由，其中第①、②、⑦、⑧各款係採「有責主義」，第③、④、⑤、⑥各款則採「無責主義」，至於第⑨款之概括規定所謂重大事由，則不必解釋為有責主義，本條既有本於無責主義解除之事由，又因婚約尚未發生複雜關係（63臺再67）。惟就其事由之發生，他方曾事前同意或事後宥恕者，是否仍得解除婚約？民法對此未作規定，應視其有無重大事由決定之，亦即應取決於結婚之後，有無妨礙夫妻之共同生活。

(2)解除方式（民§976Ⅱ）

①原則：向他方當事人，以意思表示為之，方式如何，則非所問（民§258Ⅰ）。婚約解除須本人行使之，但未成年人須得法定代理人之同意（民§1049）。

②例外：如事實上不能向他方為解除之意思表示時，無須為意思表示，自得為解除時起，不受婚約之拘束（民§976Ⅱ）。例如生死不明、住居所不明或心神喪失而尚未有法定代理人是。對婚約解除之行使，民法並無限制其期間。

(3)解除之效力

①婚約失效：雙方當事人不受婚約之拘束。婚約一經解除，溯及婚約成立時消滅婚約之效力。

②財產上損害賠償：依民法第976條之規定解除婚約時，無過失之一方得向有過失之他方請求損害賠償（民§977Ⅰ）。此之有無過失，為對

Veranlast ein Verlobter den Rucktritt des anderen durch ein Verschulden, das einen wichtigen Grund fur den Rucktritt bildet, so ist er nach Masgabe des § 1298 Abs. 1, 2 zum Schadensersatze verpflichtet.

瑞民Art. 92: Beitragspflicht

Hat einer der Verlobten im Hinblick auf die Eheschliessung in guten Treuen Veranstaltungen getroffen, so kann er bei Auflosung des Verlobnisses vom andern einen angemessenen Beitrag verlangen, sofern dies nach den gesamten Umstanden nicht als unbillig erscheint.

婚約解除原因事實之發生有無過失而言，當事人如對婚約解除事由之發生有過失，始負損害賠償之責[6]。

當事人之一方無第976條之原因而違反婚約者，對於他方因此所受之損害，應負賠償之責（民§978）。民法第977條與第978條規定之損害賠償不同，前者係因有民法第976條各款法定事由之損害賠償，後者係無該條款之事由而違反婚約之損害賠償。至損害賠償之範圍，一般均認為僅限於積極的損害，而不及於消極的損害。例如因結婚而可取得之繼承權、撫養請求權即不得請求。

③非財產上之損害賠償：依民法第976條解除婚約時，無過失之一方，雖非財產上之損害，受害人亦得請求賠償相當之金額。但此請求權，不得讓與或繼承。但已依契約承諾，或已起訴者，不在此限（民§977Ⅱ、Ⅲ）。

④贈與物之返還：因訂定婚約而為贈與者，婚約無效、解除或撤銷時，當事人之一方，得請求他方返還贈與物（民§979-1）[7]。關於贈與物之返還，德國民法第1301條、瑞士民法第94條規定依不當得利請求返還。民法第979-1條明定贈與物之返還，以杜爭議。

⑤消滅時效：民法第977條至第979-1條所規定之請求權，因二年間不行使而消滅（民§979-2）。

----

6 德民§1298、§1299、瑞民§92。

7 1.民法第979-1條行使要件：就禮物返還請求權之行使而言，不以權利人有無過失為要件。

2.贈與物返還之範圍（類似不當得利說）：依戴東雄教授之見解，民法979-1條僅是效果準用不當得利之規定，而非要件上亦準用，故不必區分請求返還時，受贈人是否善惡意而影響返還之範圍，換言之，即使贈與人行使贈與物返還請求權時，如該禮物已不存在者，不論其不存在理由為何，受贈人均應折價返還，不得藉口其係善意而所受到利益已不存在而拒絕返還。

案例一

　　甲乙相戀多年，經雙方父母同意，依隆重儀式訂婚，但訂婚後卻常因細故爭吵，甲認為個性不合，所以仍不想和乙結婚，然而又不表明是否解除婚約，致婚禮遲遲未舉行。請問乙可否請求法院判甲履行婚約？
解　析
　　民法第975條規定，婚約不得請求強迫履行。婚姻既然不能強迫履行，訂婚後若一方不願意結婚，他方自無法請求法院判令對方強制履行婚約。但如甲故意違背結婚期約，依民法第976條的規定，乙得以甲「故違結婚期約」為由，以解除雙方的婚約。又若乙為無過失之一方，依民法第977條第1項、第2項規定，可向有過失之他方請求財產上及非財產上的損害賠償。

第二節　結　婚

一、結婚之要件

　　婚姻要件可分為二，一為實質要件，一為形式要件。茲分述如次：

（一）實質要件

1. 須有結婚能力

　　即當事人能理解結婚之意義及其效果之能力，以有意思能力為已足。法定結婚年齡（民§980），與結婚能力無關，係在防止早婚，以維護國家、民族之衛生健康。未達法定結婚年齡之人，或有結婚能力，而已達法定結婚年齡之人，未必有結婚能力。禁治產人於回復常態時，固有結婚能力；至禁治產人之結婚，是否須經法定代理人之同意，學說則有不同見解[8]。

---

[8]　肯定說（戴東雄）：禁治產人回復常態時，固有結婚能力，惟舉證不易，應由法定代理人行

2. 須當事人有合意

婚約應由當事人自行訂定（民§972），故結婚亦應由當事人自主，不得由法定代理人代為訂定，其理至明。

3. 需非被詐欺或被脅迫（民§997）

「詐欺」係故意表示虛構之事實，使人陷於錯誤；「脅迫」係故意表示不正當之惡意，使人發生畏懼之念，而為某種行為。結婚基於「當事人之同一性」之詐欺，係無結婚之意思，其婚姻無效；而結婚當事人之「人的性質」例如社會地位、財產、身分、性格、道德、貞節、健康之詐欺或隱瞞，非當然為「要素」之錯誤，是否錯誤，須依照社會一般觀念，予以合理判斷，以防糾紛叢生。例如當事人一方於結婚時雙目失明未先通知他方者（21上296）；或當事人一方患有精神病，時癒時發，必然影響婚姻生活（70臺上880），即難謂非因被詐欺而為結婚。又由於第三人之詐欺或脅迫而結婚者，是否須當事人明知或可得而知其情事，始可謂為被詐欺或被脅迫？解釋上應類推適用第92條第1項規定，必須相對人明知或可得而知者始可。惟因詐欺而撤銷婚姻之時，仍得以撤銷之效力，對抗善意之第三人（比較民§92Ⅱ）。

4. 須達法定年齡（民§980、§989）

男未滿18歲女未滿16歲者，不得結婚（民§980）。目的在防止早婚，維護國家、民族之健康，違反此規定者，其婚姻得撤銷（民§989）。

5. 未成年人結婚，應得法定代理人之同意（民§981、§990）

未成年人結婚，應得法定代理人之同意（民§981）。未成年人思慮未周，應得法定代理人之同意，與結婚能力無直接關係，非補充未成年人之能力，乃專為保護未成年人而設。同意權之行使，例如父母為親權人

使同意權，以彌補禁治產人對於婚姻效果判斷能力之不足。否定說（林秀雄）：法無明文規定，且結婚能力不能由他人補充，故禁治產人結婚無須法定代理人之同意。

時，須共同為之，但意思不一致時，得請求法院依子女之最佳利益酌定之（民§1089Ⅱ）。法定代理人如無正當理由，對於未成年人之結婚，不予同意時，法無明文規定，學說見解如次：

(1)以親屬會議同意代之（羅鼎）。

(2)屬同意權之濫用，不得依第990條規定撤銷婚姻（陳棋炎等）。

(3)以法院裁判代之（戴炎輝、德婚姻法§30）。

(4)法律並未設有代替之方法，仍非得法定代理人同意不可（36院解3399）。

6. 須不違反結婚之限制

(1)近親結婚之限制（民§983、§988）

民法基於優生學理由，血統相近者結婚，有礙子孫之繁衍及弱智之產生；及倫理上理由，近親間有性關係，有違倫常，故禁止近親結婚。

我民法第983條第1項規定，與下列親屬不得結婚：

①直系血親及直系姻親。

②旁系血親在六親等以內者。但因收養而成立之四親等及六親等旁系血親，輩分相同者，不在此限。

③旁系姻親在五親等以內，輩分不相同者[9]。

----

[9] 民國74年修正第983條禁婚親屬之規定，並未落實男女平等原則，該條於民國87年又修正一次。此次修正範圍包括旁系血親與旁系姻親禁婚之放寬。禁婚親之範圍雖較舊法有所放寬，但與外國立法例相較，仍嫌較廣，禁婚親範圍過廣，將影響人民婚姻之自由。德婚姻法§4。

德Ehegesetz (EheG) §4:

(1)Eine Ehe darf nicht geschlossen werden zwischen Verwandten in gerader Linie, zwischen vollburtigen und halbburtigen Geschwistern sowie zwischen Verschwagerten in gerader Linie. Das gilt auch, wenn das Verwandtschaftsverhaltnis durch Annahme als Kind erloschen ist.

(2)(auser Wirksamkeit)

(3)Das Vormundschaftsgericht kann von dem Eheverbot wegen Schwagerschaft Befreiung erteilen. Die Befreiung soll versagt werden, wenn wichtige Grunde der Eingehung der Ehe entgegenstehen.

兹說明如次：

①直系親，不問其為血親或姻親，絕對禁止結婚（民§983 I ①）。直系血親不以自然血親為限，擬制血親亦包括在內。直系姻親不得結婚之禁止，於姻親關係消滅後，仍不得結婚（民§983 II）。

②旁系血親，基於男女平等之觀點，不再區分堂兄弟姊妹與表兄弟姊妹，而以親等數規定禁婚之範圍，即六親等之表兄弟姊妹禁止結婚；至八親等之堂兄弟姊妹與八親等之表兄弟姊妹，不再禁止結婚。有關法定血親在收養存續中之禁婚範圍與自然血親應有所區別，通說亦認其放寬為宜，故於民國87年將民法第983條第1項第2款修正為，旁系血親在六親等以內者不得結婚，但因收養而成立之四親等及六親等之旁系血親，輩分相同者，不禁止結婚。因此，同一人之養子女相互間，養子女與養父母之婚生子女相互間，不得結婚。同一人之養孫子女相互間，養子女之子女與婚生子女之子女相互間，不禁止結婚。又夫前婚姻之子女與妻前婚姻之子女間、或夫與他女子之非婚生子女與妻與他男子之非婚生子女間，無血緣關係，非兄弟姊妹，不禁止結婚。至七親等以外之旁系血親，其輩分無論相同與否，不禁止結婚。

③旁系姻親，旁系姻親在五親等以內，輩分不相同者，禁止結婚（民§983 I ③）。例如舅父去世，外甥與舅母結婚時，因其輩分不同，該婚姻無效。惟如輩分相同時，不禁止結婚。例如兄死亡，弟娶兄嫂；弟死亡，兄娶弟婦，則不受限制（21院828）。

(2)監護關係之限制（民§984、§991）

監護人與受監護人之結婚，不問其為未成年人或禁治產人之監護（民§1091以下，§1110以下），均被禁止。此種限制，乃為保護受監護人而設，但其經受監護人父母之同意者，自無限制之必要（民§984但書）。監護人之監護關係消滅後，則無繼續禁止之必要。

(3)重婚之禁止（民§985、§988）

民法規定有配偶者不得重婚（民§985 I）[10]。重婚罪依刑法第237條論處。此係為維護一夫一妻制而設。

結婚不得重婚之要件，在民國74年修正前，重婚為可得撤銷；在修正後改為無效。不論修正前或修正後，重婚之解決引起實務上重大爭議，而經由司法院大法官之審查，分別作成釋字第242號、釋字第362號解釋與釋字第552號解釋。茲分述如次：

(1)重婚可得撤銷之釋字第242號解釋

①民國74年親屬編修正前，重婚為可得撤銷。

②此法律上重大爭議，大法官於民國78年以釋字第242號解釋略以：「……惟國家遭遇重大變故，在夫妻隔離，相聚無期之情況下所發生之重婚事件，與一般重婚事件究有不同，對於此種有長期實際共同生活事實之後婚姻關係，仍得適用上開第992條之規定予以撤銷，嚴重影響其家庭生活及人倫關係，反足妨害社會秩序，就此而言，自與憲法第22條保障人民自由及權利之規定有所牴觸。」

③此一解釋，兩岸重婚與民法第985條之重婚有別，故後婚不受撤銷。釋字第242號影響其後制定之臺灣地區與大陸地區人民關係條例第64條：「夫妻因一方在臺灣地區，一方在大陸地區，不能同居，而一方於民國74年6月4日以前重婚者，利害關係人不得聲請撤銷；其於74年6月5日以後76年11月1日以前重婚者，該後婚視為有效（I）。前項情形，如夫妻雙方均重婚者，於後婚者重婚之日起，原婚姻關係消滅（II）。」

---

[10] 第985條於民國74年6月3日部分修正。舊法規定：「有配偶者，不得重婚」（民§985），違反禁止重婚規定者，「利害關係人得向法院請求撤銷之」（民§992）。

民國96年5月4日立法院三讀通過修正民法親屬編第982條、第988條、第1030-1條、第1052條、第1059條、第1062條、第1063條、第1067條、第1070條、第1073條至第1083條、第1086條、第1090條；增訂第988-1條、第1059-1條、第1076-1條、第1076-2條、第1079-3條至第1079-5條、第1080-1條至第1080-3條、第1083-1條、第1089-1條；刪除第1068條；並增訂民法親屬編施行法第4-1條及第8-1條。

(2)重婚無效之釋字第362號解釋

①民國74年親屬編修正後，重婚改為無效（民§988②），但對信賴法院就前婚解消之判決，而再婚之重婚，其是否為民法第985條之重婚？該後婚是否為自始無效？

②此法律重大爭議，大法官於民國83年以釋字第362號解釋略以：「民法第988條第2款關於重婚無效之規定，乃所以維持一夫一妻婚姻制度之社會秩序，就一般情形而言，與憲法尚無牴觸。惟如前婚姻關係已因確定判決而消滅，第三人本於善意且無過失，信賴該判決而與前婚姻之一方相婚者，雖該判決嗣後又經變更，致後婚姻成為重婚，究與一般重婚之情形有異，依信賴保護原則，該後婚之效力，仍應予以維持。首開規定未兼顧類此之特殊情況，與憲法保障人民結婚自由權利之意旨未盡相符，應予檢討修正。在修正前，上開規定對於前述因信賴確定判決而締結之婚姻部分，應停止適用。如因而致前後婚姻關係同時存在，則重婚者之他方，自得依法請求離婚，併予指明。」

③由此可知，信賴法院判決之善意後婚之當事人，其後婚仍受法律保障，故在例外情形，重婚在現行法仍能成立。

④司法院釋字第362號解釋之結論，因破壞一夫一妻之婚姻制度，甚為不妥。

大法官釋字第362號解釋為我國一夫一妻制打開例外之門，允許民眾因信賴法院離婚判決，以為前婚姻不存在而有重婚情形時，例外承認前後婚姻都有效，結果出現一夫二妻或一妻二夫等特例。大法官釋字第552號補充解釋，把例外情形擴大到協議離婚登記情形，但限定必須婚後雙方都是善意無過失，才承認後婚的效力，且排除配偶惡意製造離婚判決再結婚的行為。此次，嚴格限縮釋字第362號解釋範圍，對於設計離婚另享齊人之福的現代陳世美，夢恐難再如願。

(3)釋字第552號解釋文

本院釋字第362號解釋謂：「民法第988條第2款關於重婚無效之規定，乃所以維持一夫一妻婚姻制度之社會秩序，就一般情形而言，與憲法

尚無牴觸。惟如前婚姻關係已因確定判決而消滅，第三人本於善意且無過失，信賴該判決而與前婚姻之一方相婚者，雖該判決嗣後又經變更，致後婚姻成為重婚，究與一般重婚之情形有異，依信賴保護原則，該後婚姻之效力，仍應予以維持。首開規定未兼顧類此之特殊情況，與憲法保障人民結婚自由權利之意旨未盡相符，應予檢討修正。」其所稱類此之特殊情況，包括協議離婚所導致之重婚在內。惟婚姻涉及身分關係之變更，攸關公共利益，後婚姻之當事人就前婚姻關係消滅之信賴應有較為嚴格之要求，僅重婚相對人之善意且無過失，尚不足以維持後婚姻之效力，須重婚之雙方當事人均為善意且無過失時，後婚姻之效力始能維持，就此釋字第362號解釋相關部分，應予補充。如因而致前後婚姻關係同時存在時，為維護一夫一妻之婚姻制度，究應解消前婚姻或後婚姻、婚姻被解消之當事人及其子女應如何保護，屬立法政策考量之問題，應由立法機關衡酌信賴保護原則、身分關係之本質、夫妻共同生活之圓滿及子女利益之維護等因素，就民法第988條第2款等相關規定儘速檢討修正。在修正前，對於符合前開解釋意旨而締結之後婚姻效力仍予維持，民法第988條第2款之規定關此部分應停止適用。在本件解釋公布之日前，僅重婚相對人善意且無過失，而重婚人非同屬善意且無過失者，此種重婚在本件解釋後仍為有效。如因而致前後婚姻關係同時存在，則重婚之他方，自得依法向法院請求離婚，併此指明。

（二）形式要件（民§982、§988）

　　民國96年5月4日立法院三讀通過修正將第982條之儀式婚制度改為登記婚制度，在於儀式婚有諸多缺失，如儀式的公示效果薄弱，無法防止重婚及保護善意第三人，而且儀式婚欠缺明確的認定標準，易生爭執，再加上現行規定結婚採儀式主義，但離婚卻採登記主義，兩者無法配合，與民法第1050條相互協調，以免造成舊法採儀式婚主義之前提下，對於結婚時未辦理結婚登記之夫妻，將來欲兩願離婚時，反而須先補辦結婚登記後，始能辦理離婚登記之荒謬現象。故將第982條修正為：「結婚，應以

書面為之，有二人以上證人之簽名，並應由雙方當事人向戶政機關為結婚之登記」。又該修正規定，自公布後一年施行（民施§4-1Ⅰ）。

二、結婚之無效與撤銷

婚姻之成立，基於公益及私益之考量，須符合法律規定要件，如欠缺此等要件，因其情形輕重，婚姻有自始無效者，又有可得撤銷者。「婚姻之無效」，係當然不生任何婚姻之效力，既無須提起訴訟又非經判決而後無效。惟關於無效有所爭執，則可訴請法院確認婚姻無效。「婚姻之撤銷」，乃婚姻已有效成立，發生婚姻關係，但因成立之時，存有瑕疵，當事人或利害關係人如認該婚姻關係之存續為不當時，得訴請法院判決，使婚姻關係向將來消滅其效力。而依民事訴訟法，尚有「確認婚姻成立或不成立」之訴（民訴§568以下）；依通說，法律行為「不成立」係未具備成立之要件，而「無效」為已具備成立要件，因欠缺生效要件而無從發生法律效力有所別。又婚姻「無效」與婚姻「不成立」，其主張與效力皆相同，並無區分之實益。

（一）結婚之無效（民§988）

民法第988條[11]規定：「結婚有下列情形之一者，無效：1.不具備第982條之方式；2.違反第983條規定；3.違反第985條規定。但重婚之雙方當事人因善意且無過失信賴一方前婚姻消滅之兩願離婚登記或離婚確定判決而結婚者，不在此限。」

----

[11] 修正立法理由：

一、因應司法院釋字第362號及第552號有關重婚之雙方當事人因善意且無過失信賴離婚確定判決及兩願離婚登記而致前後婚姻關係同時存在之解釋意旨，修正本條第2款，並增訂第3款但書規定。

二、鑑於因信賴國家機關之行為而重婚有效乃屬特例，自不宜擴大其範圍，爰將本條第3款重婚有效之情形限縮於釋字第362號及第552號解釋之「信賴兩願離婚登記或離婚確定判決」兩種情形，避免重婚有效之例外情形無限擴大，以致違反一夫一妻制度。至於信賴死亡宣告判決部分，因民事訴訟法第640條已有明文，且學說與實務在適用上尚無爭議，故依上開民事訴訟法相關規定處理即可，爰未予增列。

　　我民法上之婚姻無效乃為當然的、絕對的、自始的無效。所謂當然的無效，婚姻無效無庸為訴之主張，亦無須經法院之判決，即確定不生婚姻之效力；絕對的無效，係指當事人及第三人均得主張無效（民訴§569），婚姻無效之判決對第三人亦有效力（民訴§582Ⅰ）；而自始無效，為婚姻自始不成立，不發生婚姻之效力，亦即當事人間不發生身分上、財產上之關係，其所生子女為非婚生子女。

（二）前婚姻視為消滅之效力（民§988-1）

　　1. 前條第3款但書之情形，前婚姻自後婚姻成立之日起視為消滅。

　　2. 前婚姻視為消滅之效力，除法律另有規定外，準用離婚之效力。但剩餘財產已為分配或協議者，仍依原分配或協議定之，不得另行主張[12]。

　　3. 依第1項規定前婚姻視為消滅者，其剩餘財產差額之分配請求權，自請求權人知有剩餘財產之差額時起，二年間不行使而消滅。自撤銷兩願離婚登記或廢棄離婚判決確定時起，逾五年者，亦同[13]。

----

[12] 新增立法理由：

前婚姻依本條第1項規定視為消滅，將涉及贍養費給與、對未成年子女權利義務之行使或負擔之酌定及夫妻剩餘財產分配等事項，爰於本條第2項規定前婚姻視為消滅之效力，除法律另有規定外，準用離婚之效力。但如前婚姻因兩願離婚登記或離婚確定判決而已就夫妻剩餘財產為分配或協議者，其原分配或協議本因撤銷兩願離婚登記或廢棄離婚判決而失所附麗，原應重新計算至前婚姻視為消滅之日（後婚姻成立之日）之夫妻剩餘財產。惟鑑於前婚姻自兩願離婚登記或離婚確定判決，至前婚姻視為消滅之日（後婚姻成立之日）此段期間，並無共同生活之事實，對婚姻並無共同協力及貢獻，且為免產生複雜之法律關係，爰增列但書規定，明定剩餘財產已為分配或協議者，仍依原分配或協議定之，不得另行主張，以杜爭議。至所稱「法律另有規定」，目前係指本條第2項但書、第3項至第6項關於夫妻剩餘財產分配請求權之時效起算點以及前婚配偶之損害賠償請求權等規定。

[13] 新增立法理由：

前婚姻自後婚姻成立之日起視為消滅，除前婚姻因兩願離婚登記或離婚確定判決而已就夫妻剩餘財產為分配或協議而適用本條第2項但書規定外，應有剩餘財產分配之問題，並應適用本法第1030-1條以下有關夫妻剩餘財產分配之規定。惟在後婚成立五年後，前婚之兩願離婚登記、離婚判決始被廢棄之情形，前婚配偶已逾本法第1030-1條第4項所定時效而不及行使權利，如仍適用其規定，顯有未當，爰於本條第3項明定剩餘財產分配請求權，自請求權人知有剩餘財產之差額時起，二年間不行使而消滅。自「撤銷兩願離婚登記或廢棄離婚判決確

4. 前婚姻依第1項規定視為消滅者，無過失之前婚配偶得向他方請求賠償。

5. 前項情形，雖非財產上之損害，前婚配偶亦得請求賠償相當之金額。

6. 前項請求權，不得讓與或繼承。但已依契約承諾或已起訴者，不在此限[14]。

（三）結婚之撤銷

1. 撤銷之原因

(1)未達結婚年齡（民§989）

當事人或其法定代理人，得向法院請求撤銷之。但當事人已達結婚年齡或已懷胎者，不得請求撤銷。法定代理人所有民法第989條之結婚撤銷權，不因其事前同意結婚而受影響；除了當事人已達該條所定年齡或已懷胎者，關於當事人或其法定代理人撤銷權之行使，並無期間之限制（22上1083、29上1561）。

至當事人是否已達第980條所定年齡，係以當事人於撤銷結婚之訴提起時為準，若於訴訟中已達結婚年齡，其撤銷權仍不因此而受影響（32上3477、32上6006）；撤銷請求權消滅，必雙方當事人於起訴時俱達結婚年齡，若一方未達結婚年齡者，仍得請求（33上2863）。

所謂「已懷胎」，不以結婚後受胎者為限，其在結婚前確定由夫受胎者，亦屬之。

定」時起，逾五年者，亦同，以保障前婚配偶之權益，並兼顧安定性之要求。

[14] 新增立法理由：

為貫徹一夫一妻制度，使前婚姻自後婚姻成立之日起視為消滅，此時前婚配偶可能受有財產及非財產上之損害，惟因後婚雙方當事人均為善意且無過失，故不能準用本法第1056條規定向有過失一方請求損害賠償，然為保障前婚配偶之權益，爰參酌第1056條規定，於本條第4項至第6項明定重婚配偶雖無過失，無過失之前婚配偶（如前婚配偶對於兩願離婚登記知有瑕疵，則非無過失）亦得向其請求賠償，以符司法院釋字第552號保障婚姻被解消者之意旨。

(2)未得法定代理人之同意（民§990）

法定代理人得向法院請求撤銷之。法定代理人之同意，基於被詐欺或被脅迫者，得撤銷其同意，經撤銷之後，可溯及結婚時發生不同意之效力。但自知悉事實之日起，已逾六個月，或結婚後已逾一年者，或已懷胎者不得請求撤銷。

(3)監護人與受監護人之結婚（民§991）

受監護人或其最近親屬得向法院請求撤銷之。受監護人如為未成年人，因結婚而有行為能力，其行使撤銷權，不須得法定代理人之同意。若受監護人為禁治產人時，應由親屬會議所指定之人代為訴訟行為（民訴§571Ⅰ）；如親屬會議不為指定時，得依民事訴訟法第51條之規定，為禁治產人選任特別代理人。而所謂「最近親屬」，應以親等比較親近之親屬，不問其為血親、姻親、或不論其為直系、旁系，且應解為僅一人有撤銷權而已。至於是否須具親屬會議會員資格，通說否定之。撤銷權行使期間，為自結婚之日起一年內為之。

(4)不能人道（民§995）

當事人之一方於結婚時不能人道而不能治者，他方得於知悉其不能治之時起三年內，向法院請求撤銷之。一方於結婚時不能人道而不能治者，非民法第1052條第7款所謂不治之惡疾，他方僅得依民法第995條，於知悉其不能治之時起，三年內請求撤銷之（29上1913）。此之三年期間，非消滅時效，而為無時效性質之法定期間（21上1616），故時效中斷、時效不完成之規定，於此不適用之。

(5)無意識或精神錯亂中所為之結婚（民§996）

得於常態回復後，六個月內向法院請求撤銷之。親屬編之規定與民法第75條無效之規定不同，蓋因結婚所涉者為當事人之身分關係與財產法之法律上行為有別，為避免無效婚，故規定可得撤銷，而非無效。惟學者亦有認應採無效之規定者。

(6)被詐欺或被脅迫而結婚（民§997）

當事人之一方於結婚時雙目失明未先通知他方或患有精神病時癒時

發，於結婚時予以隱瞞，他方得以因被詐欺為理由請求撤銷之。撤銷權之行使期間，為自發見詐欺或脅迫終止後六個月內為之。婚姻行為與一般財產法上之法律行為，性質上不同，故民法總則編第93條之規定，不適用之。

2. 撤銷之效力

婚姻之撤銷，須依訴訟方式為之（民訴§568以下）與一般法律行為之撤銷，僅須以意思表示為之（民§116）不同。又婚姻撤銷之效力與離婚均使已成立之婚姻對於將來失其效力，依民法第998條規定：「結婚撤銷之效力，不溯及既往。」蓋因避免法律關係趨於複雜。此與一般法律行為經撤銷後，視為自始無效（民§114），有溯及效力不同。

三、婚姻無效或撤銷之損害賠償（民§999）

婚姻無效或撤銷而受有損害者，民法第999條有明文規定：

（一）財產上之損害賠償（民§999Ⅰ）

當事人之一方因結婚無效或被撤銷而受有損害者，得向他方請求賠償。但他方無過失者，不在此限。損害賠償要件：一為他方有過失；一為請求權人受有損害。亦即他方無過失，不問請求權人有無過失，不得請求損害賠償；他方有過失，請求權人不論有無過失，皆得請求損害賠償。惟請求權人與有過失時，應適用過失相抵原則，由法院斟酌情形減輕賠償金額或免除之（民§217）。

（二）精神上之損害賠償（民§999Ⅱ、Ⅲ）

前項情形，受害人無過失時亦得請求精神上之損害賠償。若雙方均有過失時，即不得為請求。非財產上之損害賠償請求權，與被害人人格有關，具有專屬性，不得為讓與或繼承之標的，但已依契約承諾，或已起訴者，即不受此限制。

四、婚姻無效或撤銷時關於離婚規定之準用（民§999-1）

（一）結婚無效時

結婚無效（不論曾否判決確認）時，關於贍養費之給與及雙方財產之處理，與離婚理應相同，故「第1057條及第1058條之規定，於結婚無效時準用之」（民§999-1 I）。亦即當事人一方可準用民法第1057條因判決離婚而請求贍養費及第1058條於離婚後各自取回其財產與分配剩餘財產。關於子女之監護，亦應準用離婚之規定（非訟§122、§125、民訴§572-1）。

（二）結婚撤銷時

1. 結婚經判決撤銷時，關於子女之監護，贍養費之給與及雙方財產之取回，與離婚理應相同，故「第1055條、第1055-1條、第1055-2條、第1057條及第1058條之規定，於結婚經撤銷時準用之」（民§999-1 II、非訟§122、§125、§127、民訴§572-1）。亦即除有判決離婚時請求贍養費（民§1057）、離婚後各自取回其財產與分配剩餘財產（民§1058）之準用，民法第1055條至第1055-2條關於未成年子女監護之規定亦準用之。

2. 結婚撤銷之概念比較

原因	撤銷權人	撤銷權之消滅
1.不適齡婚 （民§989→§980）	當事人或法定代理人	1.當事人已達法定年齡 2.已懷胎
2.未得法定代理人同意 （民§990→§981）	法定代理人	1.知悉後超過六個月 2.結婚已逾一年 3.已懷胎
3.監護人與受監護人結婚 （民§991→§984）	受監護人或其最近親屬	結婚已逾一年
4.結婚時不能人道而不能治 （民§995）	他方當事人	知悉不能治已逾三年
5.無意識或精神錯亂中之結婚 （民§996）	當事人	回復常態後超過六個月
6.被詐欺脅迫而結婚 （民§997）	當事人	發現詐欺或脅迫終止後六個月內為行使

（三）家事事件法與親屬法有關婚姻事件之對照整理表

家事事件丙類事件	家事事件法第3條
	一、因婚約無效、解除、撤銷、違反婚約之損害賠償、返還婚約贈與物事件。 二、因婚姻無效、撤銷婚姻、離婚、婚姻消滅之損害賠償事件。 三、夫妻財產之補償、分配、分割、取回、返還及其他因夫妻財產關係所生請求事件。 四、因判決終止收養關係給與相當金額事件。 五、因監護所生損害賠償事件。 六、因繼承回復、遺產分割、特留分、遺贈、確認遺囑真偽或其他繼承關係所生請求事件。
	與家事事件具有密切關係之財產權事件，具有訟爭性，且當事人對於程序標的亦有處分權限，向來係以一般財產權事件處理，惟由於此類財產權事件與身分調整關係密切，且所應適用之程序法理亦與一般財產權事件未盡相同，為因應其事件類型之特殊需求，並利於家事訴訟程序中統合加以解決，爰於第三項列為丙類事件。 婚約無效、解除、撤銷、違反生損害賠償（丙1事件）婚姻解消之損害賠償（丙2事件）、夫妻財產關係所生請求事件（丙3事件）屬身份關係之婚姻事件。而依據家事事件法第52條規定，確認婚姻無效、撤銷婚姻、離婚、確認婚姻關係存在或不存在事件，專屬下列法院管轄： 一、夫妻之住所地法院。 二、夫妻經常共同居所地法院。 三、訴之原因事實發生之夫或妻居所地法院。 當事人得以書面合意定管轄法院，不受前項規定之限制。 第一項事件夫或妻死亡者，專屬於夫或妻死亡時住所地之法院管轄。 不能依前三項規定定法院管轄者，由被告住、居所地之法院管轄。被告之住、居所不明者，由中央政府所在地之法院管轄。
民法規定	第977條-第979條（解除婚姻、違反婚約之損害賠償） 第979-1條（贈與物之返還） 第999-1條、第1058條 第1030-1條、第1058條、第999-1條準用第1058條、第1023條第2項、第1046條、第1038條第2項、第1040條及第1030-3條等

案例一

兄死亡後，弟與兄嫂結婚，其婚姻是否有效？

解　析

　　兄與弟為「二親等旁系血親」，而兄嫂為「血親之配偶」，依民法第969條之規定，弟因「兄與兄嫂結婚」而與兄嫂發生姻親關係。又按民法第970條之規定，姻親之親系及親等之計算，從其配偶之親系及親等，故弟與兄嫂為二親等旁系姻親。兄死亡後，弟與兄嫂之姻親關

係並不消滅，此由民法第971條反面推論可知。民法第983條規定，與下列親屬不得結婚，否則按民法第988條之規定為無效婚。

1.直系血親及直系姻親。

2.旁系血親在六親等以內者，但因收養而成立之四親等及六親等旁系血親，輩分相同者，不在此限。

3.旁系姻親在五親等以內，輩分不相同者。

依上開規定，弟與兄嫂係二親等旁系姻親，其輩分相同故不在禁婚親範圍之列。因此，兄死亡後，弟與兄嫂結婚，其婚姻仍屬有效。

案例二

何種情況下之結婚為無效的婚姻？

解 析

依我國民法親屬編第988條之規定，男女婚姻有下列三種情形時，其為無效之婚姻：

1.男女之婚姻不具備民法第982條第1項之方式者：即男女結婚須具備公開儀式及二人以上之證人。

2.男女之婚姻違反民法第983條之規定者：即近親相互間而結婚者。

3.男女之婚姻違反民法第985條之規定者：即為有配偶者再為重婚者。

案例三

甲男乙女為夫妻，離婚後，甲與乙之寡母丙結婚，其婚姻是否有效？

解 析

姻親關係因離婚而消滅，民法第971條定有明文。惟依民法第983條第2項規定：「前項直系姻親結婚之限制，於姻親關係消滅後，亦適用之。」因此，甲、丙仍受第983條第1項第1款不得與直系姻親結婚之限制，依第988條之規定，甲與乙之寡母丙結婚該婚姻為無效。

案例四

　　甲於婚後不久發現乙患有中度糖尿病,必須每日以藥物控制,遂於結婚後三個月,向法院提起撤銷婚姻之訴。問其能否撤銷該婚姻?

解　析

　　夫妻係以永久共同生活為目的,如夫妻之一方因身體健康情形不佳,勢必影響夫妻間之共同生活,故健康情形是一般人選擇對象的重要條件,在一般社會觀念上,健康狀況應負有告知的義務。乙患有中度糖尿病,顯然健康情形不佳,且其病情已不算不嚴重,勢必影響日後之夫妻生活,於結婚前乙未據實告知,致使甲沒有衡量是否允婚的機會,應已構成詐欺結婚之行為,得於知悉後六個月內,向法院請求撤銷該婚姻。

案例五

　　甲男乙女雙方於77年12月兩願離婚,惟75年6月二人結婚後並未為結婚登記,故亦未辦理離婚登記,試問其結婚及離婚之效力為何?

解　析

　　新親屬法有關結婚之登記僅具推定之效力,故如符合公開儀式、二人以上之證人,縱未登記不影響其結婚效力。反之,離婚登記為成立要件,如未登記其離婚不成立,故須先行補辦結婚登記再為離婚登記始為合法。

案例六

　　甲乙通姦,被甲妻丙發現而報警處理,並移送地檢署偵辦,雙方亦因而協議離婚。嗣後甲因通姦而被判處有期徒刑六個月,經易科罰金後,又繼續與乙來往。甲心想既已與原配偶離婚,遂又與乙結婚。但前妻得知後,極感不平。問前妻丙對於前夫的婚姻可作何主張?

解　析

　　舊民法第986條規定，因通姦經判決離婚，或受刑之宣告者，不得與相姦者結婚，如違反本條規定而與相姦者結婚時，前配偶可向法院提起撤銷婚姻之訴，請求法院撤銷該婚姻，使該婚姻無效，但新修法已將此規定刪除。

第三節　婚姻之普通效力

　　為達成婚姻未來目的所承認之效果，可分為身分上及財產上兩方面。身分上之效果，有夫妻之稱姓（民§1000）、同居義務（民§1001）、夫妻之住所（民§1002）；財產上之效果，有日常家務代理權（民§1003）、生活費用之負擔（民§1003-1）、扶養義務（民§1116-1、§1117-1）等。

一、身分上之效力

（一）夫妻之稱姓（民§1000）

　　民國87年6月17日民法第1000條修正為：「夫妻各保有其本姓。但得書面約定以其本姓冠以配偶之姓，並向戶政機關登記。」「冠姓之一方得隨時回復其本姓。但於同一婚姻關係存續中以一次為限。」亦即夫妻以各保有其本姓為原則互不冠姓，若冠配偶之姓必須以書面約定，並向戶政機關登記，惟回復本姓，於同一婚姻關係中以一次為限。此次新修正與德國民法第1355條第1項規定相似。

（二）夫妻之同居（民§1001）

　　婚姻以永久共同生活為目的，故「夫妻互負同居之義務。但有不能同居之正當理由者，不在此限」（民§1001）。不能同居之正當理由，例如妻因受夫之家屬虐待（18上2641）、妻因不堪其姑之虐待回母家居住（29上254）、夫納妾（71臺上4373、釋147）是。至夫妻間貞操義

務，民法未有明文規定，惟重婚及通姦為離婚請求原因（民§1052 I ①②），故應作肯定解釋，自屬當然。夫妻一方請求同居之訴判決確定或在訴訟上和解成立後，他方仍無故不履行同居義務者，不得請求強制執行（強執§128 II），僅得以他方惡意遺棄在繼續狀態中為理由請求離婚（49臺上990、49臺上1233）。

（三）夫妻之住所（民§1002）

民國87年6月17日民法第1002條修正為：「夫妻之住所，由雙方共同協議之；未為協議或協議不成時，得聲請法院定之（I）。法院為前項裁定前，以夫妻共同戶籍地推定為其住所（II）。」

舊民法第1002條規定：「妻以夫之住所為住所，贅夫以妻之住所為住所。但約定夫以妻之住所為住所，或妻以贅夫之住所為住所者，從其約定。」「妻以夫之住所為住所」，除非先生同意讓太太有選擇住所之權利，妻應於夫之住所與夫同居，夫如果搬家至新住所時，妻有義務跟著至新住所同居。在此種「從夫居」之規定下，衍生出合法休妻三部曲，一開始是丈夫有外遇進而毆打太太，把太太打的離家出走，再去告太太不履行同居義務，法院將傳票寄至太太的法定住所，亦即先生的家，已離家的太太收不到傳票，永遠也不會出庭。結果是先生贏了官司，再告太太「惡意遺棄」，並訴請判決離婚。如此，不僅合法休掉元配，太太還得因惡意遺棄，屬於有過失的一方，無法拿到贍養費外，還須賠償丈夫之損害。因此，大法官於民國87年4月10日對此作出了釋字第452號解釋：

民法第1002條規定，妻以夫之住所為住所，贅夫以妻之住所為住所。但約定夫以妻之住所為住所，或妻以贅夫之住所為住所者，從其約定。本條但書規定，雖賦予夫妻雙方約定住所之機會，惟如夫或贅夫之妻拒絕為約定或雙方協議不成時，即須以其一方設定之住所為住所。上開法律未能兼顧他方選擇住所及具體個案之特殊情況，與憲法上平等及比例原則尚有未符，應自本解釋公布之日起，至遲於屆滿一年時失其效力。又夫妻住所之設定與夫妻應履行同居之義務尚有不同，住所乃決定各項法律效

力之中心地,非民法所定履行同居義務之唯一處所。夫妻縱未設定住所,仍應以永久共同生活為目的,而互負履行同居之義務,要屬當然。

二、財產上之效力

(一)日常家務之代理(民§1003)

民法第1003條規定:「夫妻於日常家務,互為代理人。」所謂夫妻互為「代理」,非為意定代理,實為家中日常家務之代理權,是法定代理,無須由本人就每一事件授權,代理人始能有所作為。「日常家務」係指一般家庭日常必須事項,但社會上,家庭不一,各家庭需要也各有差別,所以除客觀的一般家庭所需要者外,主觀的在各該家庭,妻日常所處理事項,亦可稱為日常家務,較為妥當(36上5356、德民§1357)。「夫妻之一方濫用前項代理權時,他方得限制之。但不得對抗善意第三人」(民§1003Ⅱ)。「限制代理權」之意思表示得向第三人或配偶為之,為保護交易安全其限制不得對抗善意第三人。

(二)生活費用之負擔(民§1003-1)

民法第1003-1條第1項規定:「家庭生活費用,除法律或契約另有規定外,由夫妻各依其經濟能力、家事勞動或其他情事分擔之。」家庭生活費用乃維持圓滿婚姻共同生活基本需求之一,不因夫妻婚後採行何種夫妻財產制而有不同。夫妻基於獨立、平等之人格,對於婚姻共同生活體之維持,均有責任。惟家庭生活費用之負擔不以金錢為限,得以家事勞動或對他方配偶營業上或職業上之協助代之。「因前項費用所生之債務,由夫妻負連帶責任」(Ⅱ)。家庭生活費用在對外關係上,宜兼顧交易安全之保障,而因家庭生活費用所生之債務,由夫妻負連帶責任。此外民法第1003-1條第1項,對夫妻間家庭生活費用之分擔,訂有明文,其本質與父母為扶養未成年子女之所生之扶養費不同,然而,在婚姻關係存續中,與父母同居之未成年子女亦屬家庭成員,經常難以區別,故通說認為於婚姻關係存續中,父母對於未成年子女之扶養費用,即吸收於家庭生活費用之內。

（三）扶養之義務（民§1116-1）

民國74年增訂第1116-1條規定：「夫妻互負扶養之義務，其負扶養義務之順序與直系血親卑親屬同，其受扶養權利之順序與直系血親尊親屬同」（德民§1608）。

夫妻互負扶養義務，係夫妻關係之本質的要素，是否須不能維持生活而無謀生能力（民§1117 I）或受扶養之程度（民§1119）之規定，於此皆不適用之。

第四節　夫妻財產制

第一款　通　則

一、夫妻財產制之意義

所謂夫妻財產制，乃規律夫妻相互間財產關係之法律制度。民法親屬編有關夫妻財產制之規定，雖曾於民國74年6月3日修正，然因仍以建立在男女不平等觀念上之「聯合財產制」為法定財產制，與憲法保障男女平等之旨未盡相符；而聯合財產制關係消滅時之夫妻「剩餘財產分配請求權」僅以一條文規範，亦非十分周全。有鑑於此，法務部自民國84年7月起即邀請學者、專家及機關代表組成「民法親屬編研究修正委員會」，研擬完成「民法親屬編暨其施行法部分條文修正草案。」又由於大陸新修正之婚姻法，依其實務上之運作，或有可能發生保障非婚生子女及與臺商同居之大陸地區人民權益之情況，對臺商在臺配偶與子女的繼承權與財產權，不免產生一定程度之衝擊。終加速促成民國91年6月4日立法院三讀通過「夫妻財產制」之修正。

夫妻財產制，在我民法上應分兩類：

（一）約定財產制

夫妻財產屬於私人問題，自應由夫妻自由約定，但其內容，民法規定二種類型，即

　　1. 共同財產制（民§1031）

　　民法第1031條規定：「夫妻之財產及所得，除特有財產外，合併為共同財產，屬於夫妻公同共有。」

　　2. 分別財產制（民§1044）

　　民法第1044條規定：「分別財產，夫妻各保有其財產之所有權，各自管理、使用、收益及處分。」

（二）法定財產制

　　夫妻間如無約定上述之財產制時，則適用法定財產制。

二、夫妻財產制之訂立、變更及廢止

　　1. 夫妻得於結婚前或結婚後，以契約就本法所定之約定財產制中，選擇其一，為其夫妻財產制（民§1004）。若未以契約約定者，除本法另有規定外（民§1009～§1011），以法定財產制為夫妻財產制（民§1005）。

　　2. 若以契約訂立、變更及廢止者，其要件為：

(1)應以書面為之（民§1007）。

(2)非經登記，不得以之對抗第三人（民§1008）。

三、非常法定財產制（亦稱夫妻財產制之轉換）
　　（民§1009～§1011）

　　夫妻原有財產制，有下列情形之一時，依法律規定或法院宣告，改用分別財產制：

（一）民國101年12月26日刪除（民§1009）

（二）夫妻之一方之請求（民§1010）

　　「夫妻之一方有下列各款情形之一時，法院因他方之請求，得宣告改用分別財產制：

　　1. 依法應給付家庭生活費用而不給付時。

2. 夫或妻之財產不足清償其債務時。

3. 依法應得他方同意所為之財產處分，他方無正當理由拒絕同意時。

4. 有管理權之一方對於共同財產之管理顯有不當，經他方請求改善而不改善時。

5. 因不當減少其婚後財產，而對他方剩餘財產分配請求權有侵害之虞時。

6. 有其他重大事由時。

夫妻之總財產不足清償總債務或夫妻難於維持共同生活，不同居已達六個月以上時，前項規定於夫妻均適用之」（民§1010）。第6款所稱重大事由，例如臺商將財產移轉至大陸，致臺灣之配偶或其子女權益受影響時，即屬上開所稱重大事由之一。

（三）民國101年12月26日刪除（民§1011）

立法院於民國101年12月7日三讀通過刪除民法第1011條，同年月26日經總統公布施行。又民法親屬編施行法第6-3條規定：本法中華民國101年12月7日修正施行前，經債權人向法院聲請宣告債務人改用分別財產制或已代位債務人起訴請求分配剩餘財產而尚未確定之事件，適用修正後之規定（家事§97，非訟§21Ⅱ）[15]。

第二款　法定財產制

一、法定財產制之意義

按舊法定財產制即所謂之聯合財產制，於民國74年雖經修正，惟因聯合財產仍以由夫管理為原則，致未能貫徹憲法保障男女平等之旨，而迭受批評。民國91年6月4日立法院三讀通過之法定財產新制乃全面廢棄聯合財產之概念，改採以分別財產制為架構之型態。要注意的是財產種類發生的變化，留下必要的證明；財產的管理，由夫或妻獨當一面，改為各管各

---

[15] 臺北地院102年家婚聲字4號裁定

的；家庭生活費用怎麼分擔，要好好協商；離婚時的剩餘財產分配，有減少被侵害的配套措施，可以善加利用。至於新增加的自由處分金，最好以書面詳細約定，列入未來可以增減的彈性，免得日後再費唇舌爭執。

（一）法定財產制與親屬編施行法第6-1條之關係

舊法之規定及最高法院判例之見解，違反男女平等之原則，為學者所批判，為此，民國74年民法親屬編修正時，將民法第1017條修正為：「聯合財產中，夫或妻於結婚時所有之財產，及婚姻關係存續中取得之財產，為夫或妻之原有財產，各保有其所有權。」依此規定，妻於婚姻關係存續中所買受之財產，亦屬妻之原有財產，不再屬夫所有。惟，民法親屬編施行法第1條基於法律不溯及既往之原則，規定「關於親屬之事件，在民法親屬編施行前發生者，除本施行法有特別規定外，亦不適用民法親屬編之規定；其在修正前發生者，除本施行法有特別規定外，不適用修正後之規定」，而親屬編施行法對於民法第1017條夫妻聯合財產所有權歸屬之修正，並未設特別規定，故74年6月修正前已發生且現尚存在之聯合財產中，依前開舊法第1017條第2項之規定，不屬於妻之原有財產及特有財產部分，仍由夫繼續享有其所有權，未能貫徹男女平等意旨。

（二）親屬編施行法第6-1條關於新法財產歸屬之處理

上述中所形成之男女不平等現象，大法官釋字第410號解釋謂：「有關機關應儘速檢討修正民法親屬編施行法相關規定，以使修正前聯合財產之所有權與既有法律秩序之維護，獲得平衡。」為貫徹男女平等原則及物權登記公示主義之要求，故74年6月後始登記予妻名下之不動產，依74年6月修正之民法第1017條規定，一律為妻之所有財產，不論是否為夫所出資。此外依74年6月前已登記於妻名下之不動產，其所有權究應屬妻或夫，為免爭議及更正最高法院不當判例之內容，故民國85年時特別增訂親屬編施行法第6-1條，將74年6月前已登記於妻名下之不動產，若夫欲爭執該登記不動產之所有權者，須由夫在85年9月27日～86年9月26日一年緩衝期內提起確認之訴以定其權利歸屬，若未於此期間內起訴者，則該不動

產亦確定為妻所有，夫不得於事後另行爭執其所有權歸屬夫之所有；此即為親屬編施行法第6-1條增訂之主要目的。

二、法定財產制之財產種類及所有權之歸屬

（一）財產種類

「夫或妻之財產分為婚前財產與婚後財產；不能證明為婚前或婚後財產者，推定為婚後財產。

夫或妻婚前財產，於婚姻關係存續中所生之孳息，視為婚後財產。

夫妻以契約訂立夫妻財產制後，於婚姻關係存續中改用法定財產制者，其改用前之財產視為婚前財產」（民§1017）。

又民法親屬編施行法第6-2條規定：「中華民國91年民法親屬編修正前適用聯合財產制之夫妻，其特有財產或結婚時之原有財產，於修正施行後視為夫或妻之婚前財產；婚姻關係存續中取得之原有財產，於修正施行後視為夫或妻之婚後財產。」對於何為夫或妻之「婚前財產」或「婚後財產」，不免有難以證明之情況發生，為杜爭議並貫徹保障剩餘財產分配之立法意旨，在無反證之前財產均先推定為「婚後財產」。至於不能證明為夫或妻所有之財產，則先推定為夫妻分別共有之財產，以杜爭議。其次，夫或妻「婚前財產」所生之孳息，如係夫妻婚姻關係存續中取得者，因難認配偶他方未予協力，爰明定屬「婚後財產」；又為解決夫妻原採約定財產制而後改用法定財產制，嗣後婚姻關係消滅時應納入分配之財產界定問題，爰增訂改用法定財產制前之財產，視為婚前財產之擬制規定，以杜爭議（民§1017Ⅰ後段、Ⅱ及Ⅲ）。

大法官釋字620號謂：「夫妻於上開民法第1030-1條增訂前結婚，並適用聯合財產制，其聯合財產關係因配偶一方死亡而消滅者，如該聯合財產關係消滅之事實，發生於74年6月3日增訂民法第1030-1條於同年月五日生效之後時，則適用消滅時有效之增訂民法第1030-1條規定之結果，除因繼承或其他無償取得者外，凡夫妻於婚姻關係存續中取得，而於聯合財產關係消滅時現存之原有財產，並不區分此類財產取得於第74年6月4日之

前或同年月五日之後，均屬剩餘財產差額分配請求權之計算範圍。生存配偶依法行使剩餘財產差額分配請求權者，依遺產及贈與稅法之立法目的，以及實質課稅原則，該被請求之部分即非屬遺產稅之課徵範圍，故得自遺產總額中扣除，免徵遺產稅。最高行政法院91年3月26日庭長法官聯席會議決議，乃以決議縮減法律所定得為遺產總額之扣除額，增加法律所未規定之租稅義務，核與上開解釋意旨及憲法第19條規定之租稅法律主義尚有未符，應不再援用。」

（二）所有權之歸屬

夫或妻之財產分為婚前財產與婚後財產，由夫妻各自所有；不能證明為夫所有或妻所有時，例如家中電視機沒有發票或任何支出證明時，法律先推定為夫妻共有，如有反證時可以推翻之（民§1017 I）。

（三）財產之管理、使用、收益、處分權及報告義務

1. 管理、使用、收益、處分權

民法第1018條規定：「夫或妻各自管理、使用、收益及處分其財產。」係承認夫妻在家庭中擁有相等之獨立人格及經濟自主權，明定夫妻各自管理、使用、收益及處分其所有之財產，俾貫徹憲法保障之男女平等原則。

2. 報告義務

民法第1022條規定：「夫妻就其婚後財產，互負報告之義務。」夫妻雖各具獨立人格與經濟自主權，但婚姻乃男女雙方為維繫共同生活之結合關係。為保障婚姻生活之和諧，並避免將來剩餘財產分配請求權落空，爰明定夫妻就其婚後財產互負報告之義務。

（四）自由處分金

夫妻於家庭生活費用外，得協議一定數額之金錢，供夫或妻自由處分（民§1018-1）。本於夫妻類似合夥關係之精神，以及家務有價之觀念，特仿瑞士民法第164條第1項規定，增訂本條。至於自由處分金數額之多

寡,宜由夫妻依其收入扣除家庭生活費用後[16],協議定之。協議不成時,由法院視實際情況酌定。

(五)債務之清償責任

民法第1023條第1項規定:「夫妻各自對其債務負清償之責。」第2項規定:「夫妻之一方以自己財產清償他方之債務時,雖於婚姻關係存續中,亦得請求償還。」係承認夫妻在家庭中擁有相等之獨立人格及經濟自主權,明定夫妻各自對其債務負清償之責;如夫或妻以其財產清償他方所負之債務,雖於婚姻關係存續中,亦得向他方請求償還,俾貫徹憲法保障之男女平等原則。

(六)剩餘財產分配請求權[17]

民法第1030-1條係民國74年6月3日民法親屬編修正時增訂,為修正與補強現行剩餘財產分配請求權規定,使更合理,並落實對婚姻弱勢一方之

- - - - - - - - - - - - - -

[16] 家事事件法關於家庭生活費用之規定:

1.事件性質:家庭生活費用固為財產上請求,惟係本於一定親屬身分關係所生,具未來展望性、繼續性給付之特性,並因婚姻關係所生心理層面之感情上非理性因素及對弱者保護、人際關係調整之需求,與其他財產上請求具一次給付性或理性經濟上計算有所不同,其數額計算亦具事實認定上之困難,故列為戊類事件,賴法官職權裁量並為妥適、迅速之判斷。

2.聲明之非拘束性:法院命給付家庭生活費用,得審酌一切情況,定其給付之方法,不受聲請人聲明之拘束(家事§100 I)。

3.情事變更:所為確定裁判或成立之和解,如其內容尚未實現而因情事變更顯失公平者,法院得依聲請變更原確定內容(家事§102)。

4.前提法律關係之合併:關係人就請求所依據之婚姻關係有爭執者,法院應曉諭其合併請求裁判,並除關係人合意適用家事非訟程序外,應裁定改用家事訴訟程序,由原法官繼續審理(家事§103)。

[17] 民國92年3月26日立法院議案關係文書第1030-1條,法定財產制關係消滅時,夫或妻現存之婚後財產,扣除婚姻關係存續中所負債務後,如有剩餘,其雙方剩餘財產之差額,應平均分配。但左列財產不在此限:一、因繼承或其他無償取得之財產。二、慰撫金(I)。依前項規定,平均分配顯失公平者,法院得調整或免除其分配額(II)。第1項剩餘財產差額之分配請求權,自請求權人知有剩餘財產之差額時起,二年間不行使而消滅。自法定財產制關係消滅時起,逾五年者,亦同(III)。

保障，於民國91年6月4日為配合法定財產制之修正，乃修正第1030-1條，並增訂第1030-2條至第1030-4條之規定。

　　96年5月修法後[18]，已讓修法之前原初的夫妻剩餘財產差額分配請求權之立法美意，淪為銀行強勢討債的手段。這些銀行暴衝的聲請案量背後，更代表許多家庭的辛酸與無奈。因此，律師代表、卡債自救會及婦女團體站出來共同疾呼，民法相關規定應立即修正，務求杜絕讓銀行可以為了滿足債權就任意透過法院將手伸進家門的事情再繼續發生。交易安全固然重要，但現行民法對於夫妻惡意脫產來逃避債務的情況已經另有法律足以保障債權人（銀行）的權利，不應再讓家庭人倫的和諧成為銀行強勢討債的犧牲品，因此會將96年5月修法被刪除的一身專屬權規定再放回民法第1030-1條，同時一併刪除民法第1009條及1011條，為101年12月修法的方向。[19、20]

- - - - - - - - - - - - - -

　　修正理由：一、刪除原條文第3項。二、本條項之規定不僅對分配權利人之繼承人有所不利，且會損及分配權利人之債權人之利益，將剩餘分配請求權定為一身專屬權並無任何實益可言，且使夫妻財產制立法三原則有所偏廢，未能兼顧此三大原則。

[18] 修正立法理由：

剩餘財產分配請求權雖依夫妻身分而產生，但其本質仍屬財產權，並不具專屬性質，基於下列理由爰將第3項規定刪除：1.若剩餘財產分配請求權為專屬權，則第1009條、1011條的規定將完全喪失意義，無法保障債權人之利益。2.對有請求權人之繼承人不利。

[19] 立法理由：

1.剩餘財產分配請求權制度目的原在保護婚姻中經濟弱勢之一方，使其對婚姻之協力、貢獻，得以彰顯，並於財產制關係消滅時，使弱勢一方具有最低限度之保障。參酌司法院大法官釋字第620號解釋，夫妻剩餘財產分配請求權，乃立法者就夫或妻對家務、教養子女、婚姻共同生活貢獻之法律上評價，是以，剩餘財產分配請求權既係因夫妻身分關係而生，所彰顯者亦係「夫妻對於婚姻共同生活之貢獻」，故所考量者除夫妻對婚姻關係中經濟上之給予，更包含情感上之付出，且尚可因夫妻關係之協力程度予以調整或免除，顯見該等權利與夫妻「本身」密切相關而有屬人性，故其性質上具一身專屬性，要非一般得任意讓與他人之財產權。

2.或有論者主張剩餘財產分配請求權之性質屬財產權，若賦予其專屬權，對債務人及繼承人保障不足，並有害交易安全云云。惟此見解不僅對剩餘財產分配請求權之性質似有違誤，蓋剩餘財產分配請求權本質上是夫妻對婚姻貢獻及協力果實的分享，不應由與婚姻經營貢獻無關的債權人享有，自與一般債權不同；更違反債之關係相對性原則，尤其是自2007年將剩

1. 剩餘財產分配請求權之成立
民法第1030-1條規定：法定財產制關係消滅時，夫或妻現存之婚後財

餘財產分配請求權修法改為非一身專屬權後，配合民法第1011條及民法第242條之規定，實際上造成原本財產各自獨立之他方配偶，婚後努力工作累積財產，反因配偶之債務人代位行使剩餘財產分配請求權而導致事實上夫（妻）債妻（夫）還之結果。更有甚者，由於民法第1011條之「債權人」並未設有限制，造成實務上亦發生婚前債務之債權人向聲請法院宣告改用分別財產制並代位求償之事，造成債務人之配偶須以婚後財產償還他方婚前債務之現象，如此種種均已違背現行法定財產制下，夫妻於婚姻關係存續中各自保有所有權權能並各自獨立負擔自己債務之精神。

3.現行民法第244條已對詐害債權訂有得撤銷之規範，債權人對於惡意脫產之夫妻所為之無償或有償行為本即可依法行使撤銷權，法律設計實已可保障債權人，若於親屬編中，再使第三人可代位行使本質上出於「夫妻共同協力」而生之剩餘財產分配請求權，不但對該債權人之保護太過，更有疊床架屋之疑。

4.再者，近代法律變遷從權利絕對主義，演變至權利相對化、社會化的觀念，法律對權利之保障並非絕對，倘衡平雙方法益，權利人行使權利所能取得之利益，與該等權利之行使對他人及整個社會國家可能之損失相較，明顯不成比例時，當可謂權利之濫用。本條自2007年修法改為非一身專屬權後至今已逾五年，目前司法實務之統計資料顯示，近兩年債權銀行或資產管理公司利用本條規定配合民法第1011條及民法第242條之規定追討夫或妻一方之債務的案件量暴增並占所有案件九成以上，僅為了要滿足其債權，已讓數千件的家庭失和或破裂，夫妻離異、子女分離等情況亦不斷發生，產生更多的社會問題，使國家需花費更多資源與社會成本以彌補。2007年之修法，顯然為前述債權人權利濫用大開方便之門，為滿足少數債權人，而犧牲家庭和諧並讓全民共同承擔龐大社會成本，修法後所欲維護之權益與所付出之代價顯有失當。

5.又參酌日本夫妻財產制立法例，法定財產制僅於離婚時由夫妻協議或訴請法院分配財產，並無類似台灣債權人得聲請宣告改用分別財產制後再代位請求剩餘財產差額分配之規定，甚至縱使夫妻之一方聲請個人破產，因非離婚，故亦無財產分配之問題。

6.是以，仿民法第195條第2項之規定，修正剩餘財產分配請求權為專屬於配偶一方之權利，增訂第3項，僅夫或妻之一方始得行使剩餘財產分配請求權，但若已取得他方同意之承諾或已經向法院提起訴訟請求者，則可讓與或繼承。

20 關於民法剩餘財產分配請求權於家事事件法之實務：
相對人林碧蓮間請求分配夫婦剩餘財產上訴事件，依家事事件法第51條（102台抗3）；本件原係再抗告人因魏明春主張其夫白文正於民國97年7月2日死亡時，其得主張夫妻剩餘財產分配請求權，而對魏明春起訴，請求魏明春提出白文正死亡時之財產資料，本件應屬家事事件法第3條第3項第3款所定其他因夫妻財產關係所生請求之事件，屬家事訴訟事件（101台抗1076）。

產，扣除婚姻關係存續所負債務後，如有剩餘，其雙方剩餘財產之差額，應平均分配。但下列財產不在此限：

一、因繼承或其他無償取得之財產。

二、慰撫金。

依前項規定，平均分配顯失公平者，法院得調整或免除其分配額。

第一項請求權，不得讓與或繼承。但已依契約承諾，或已起訴者，不在此限。

第一項剩餘財產差額之分配請求權，自請求權人知有剩餘財產之差額時起，二年間不行使而消滅。自法定財產制關係消滅時起，逾五年者，亦同。

所謂法定財產制關係消滅時，共有六種情形：

(1)夫妻之一方死亡；(2)夫妻離婚；(3)夫妻結婚無效；(4)夫妻婚姻被撤銷；(5)夫妻以契約改定夫妻財產制為分別財產制或共同財產制；(6)夫妻因有民法第1010條之情形而改用分別財產制。

剩餘財產之計算，先確定夫妻現存之婚後財產，扣除其於婚姻關係存續所負之債務，再扣除因繼承或其他無償取得之財產及慰撫金。夫或妻計算剩餘財產後，就其剩餘財產之差額，剩餘較少之一方向剩餘較多之他方，請求平均分配。

2. 剩餘財產之計算

(1)因繼承或其他無償取得之財產或慰撫金，不列入剩餘財產之計算。（民§1030-1但書）[21]

(2)夫或妻之一方以其婚後財產清償其婚前所負債務，或以其婚前財產清償婚姻關係存續中所負債務，除已補償者外，於法定財產制關係消滅時，應分別納入現存之婚後財產或婚姻關係存續中所負債務計算。（民§1030-2Ⅰ）

---

[21] 按「慰撫金」乃非財產上之損害賠償，具一身專屬性，其取得與婚姻貢獻及協力無關，縱為婚後取得，亦非屬剩餘財產分配之對象。

(3)夫或妻為減少他方對於剩餘財產之分配，而於法定財產制關係消滅前五年內處分其婚後財產者，應該將財產追加計算，視為現存之婚後財產。但為履行道德上義務所為之相當贈與，不在此限。（民§1030-3Ⅰ）

(4)前項情形，分配權利人於義務人不足清償其應得之分配額時，得就其不足額，對受領之第三人於其所受利益內請求返還。但受領為有償者，以顯不相當對價取得者為限。（民§1030-3Ⅱ）「分配權利人」即指夫妻之一方依計算結果得向他方請求差額分配者；「義務人」即應給付剩餘差額之一方。

(5)中華民國91年民法親屬編修正前適用聯合財產制之夫妻，其特有財產或結婚時之原有財產，於修正施行後視為夫或妻之婚前財產；婚姻關係存續中取得之原有財產，於修正施行後視為夫或妻之婚後財產。（民施§6-2）

3. 婚後財產價值計算之時點、剩餘財產分配請求權之時效期間

(1)民法第1030-4條第1項規定：夫妻現存之婚後財產，其價值計算以法定財產制關係消滅時為準。但夫妻因判決而離婚者，以起訴時為準。第2項規定：依前條應追加計算之婚後財產，其價值計算以處分時為準。

(2)為免影響家庭經濟及社會交易之安全，法律另設有短期消滅時效之規定。民法第1030-1條第4項規定：第1項剩餘財產差額之分配請求權，自請求權人知有剩餘財產之差額時起，二年間不行使而消滅。自法定財產制關係消滅時起，逾五年者，亦同。

4. 剩餘財產分配請求權之保全

(1)無償行為之撤銷

依民法第1030-1條規定，夫妻對雙方婚後剩餘財產之差額，有請求平均分配之權，惟如夫或妻之一方於婚姻關係存續中，就其所有之婚後財產為無償行為，致有害及法定財產制消滅後他方之剩餘財產分配請求權時，如無防範之道，婚後剩餘財產差額分配容易落空，爰參酌民法第244條第

1項規定之精神,增訂第1020-1條,於第1項規定:「夫或妻於婚姻關係存續中就其婚後財產所為之無償行為,有害及法定財產制關係消滅後他方之剩餘財產分配請求權者,他方得聲請法院撤銷之。但為履行道德上義務所為之相當贈與,不在此限。」

(2)有償行為之撤銷

為兼顧他方配偶及受益人之利益,參酌民法第244條第2項規定之精神,於第1020-1條第2項規定:「夫或妻於婚姻關係存續中就其婚後財產所為之有償行為,於行為時明知有損於法定財產制關係消滅後他方之剩餘財產分配請求權者,以受益人受益時亦知其情事者為限,他方得聲請法院撤銷之。」

(3)撤銷權之除斥期間

撤銷權如漫無時間限制,既存之權利狀態,將永遠處於不確定狀態,不但危及利害關係人權益,亦嚴重影響交易之安全,增訂第1020-2條:「前條撤銷權,自夫或妻之一方知有撤銷原因時起,六個月間不行使,或自行為時起經過一年而消滅。」

法定夫妻財產制新制與舊制之比較

比較項目	法定財產制（新制）	聯合財產制（舊制）
財產種類	一、婚前財產 二、婚後財產	一、原有財產 二、特有財產（法定及約定） 三、聯合財產（夫及妻之原有財產之組合）
所有權	各自所有	分別所有
管理權	各自管理	一、聯合財產:原則由夫管理;例外得約定由妻管理 二、特有財產:各自管理
管理費用負擔	各自負擔	一、聯合財產:由管理權之一方負擔 二、特有財產:各自負擔
使用及收益權	各自使用、收益	管理權之一方對他方之原有財產有使用、收益之權
處分權	各自處分其財產	管理權之一方經他方同意,始得處分他方之原有財產。但管理上必要之處分,有管理權之一方可逕行為之

比較項目	法定財產制（新制）	聯合財產制（舊制）
債務清償責任	各自對其債務負清償責任	依財產種類之不同區分責任歸屬，關係較為複雜
保全措施	婚姻關係存續中夫妻一方所為詐害他方剩餘財產分配請求權之行為，他方得聲請法院撤銷	無
剩餘財產分配請求權	一、法定財產制關係消滅時，夫或妻現存之婚後財產，扣除債務後，應平均分配 二、不列入分配之財產：因繼承或其他無償取得之財產及慰撫金 三、法定財產制關係消滅前五年內，夫或妻惡意處分婚後財產之價額，得追加計算 四、夫妻應受分配之一方，得就不足部分，向特定第三人請求返還	一、聯合財產關係消滅時，夫或妻於婚姻關係存續中所取得而現存之原有財產，扣除債務後，應平均分配 二、不列入分配之財產：因繼承或其他無償取得之財產
家庭生活費用負擔	除法律或契約另有約定外，由夫妻各依其經濟能力、家事勞動或其他情事分擔之	夫無支付能力時，由妻就全部財產負擔
自由處分金	夫妻於家庭生活費用外，得協議一定數額之金錢，供夫或妻自由處分	無

第三款　約定財產制

　　約定財產制為夫妻財產制之一種，乃婚姻當事人於結婚時或結婚後，以契約就民法所定之約定財產制中，訂立婚姻繼續中夫妻相互財產關係，而排除法定財產制適用之制度。現行之約定財產制有共同財產制及分別財產制兩種。必須夫妻雙方共同至法院登記處辦理，不能自己一個人辦理。例如搬新家戶籍遷移時，新家屬於不同的法院管轄，必須於三個月內至新家所屬之管轄法院再辦一次登記。

第一目　共同財產制

一、共同財產制之意義

　　共同財產制乃夫妻之財產及所得，除特有財產外，合併為共同財產，

而屬於夫妻公同共有之謂（民§1031）。

　　共同財產制之成立，須夫妻間以書面契約為之（民§1007），並須經登記，始能對抗第三人（民§1008）。

二、共同財產之組成及所有權之歸屬

（一）組　成

1. 共同財產

　　係指夫妻婚前、婚後的財產以及雙方的收入所得，合併為共同財產，由夫妻公同共有（民§1031）。但民法第1030-1條所列之特有財產仍由夫妻各自所有，不併入共同財產之中。

2. 特有財產

　　下列財產為夫妻之特有財產，由夫妻各自保有所有權：

(1)專供夫或妻個人使用之物。

(2)夫或妻職業上必需之物。

(3)夫或妻所受之贈物，經贈與人以書面聲明為其特有財產者（民§1031-1）。

3. 勞力所得共同財產制（民§1041）

　　夫妻得以契約訂定僅以勞力所得為限為共同財產，勞力所得以外之財產，適用關於分別財產制之規定。而所謂「勞力所得」，係指夫或妻在婚姻關係存續中取得之薪資、工資、紅利、獎金及其他與勞力所得有關之財產收入。勞力所得之孳息及代替利益，亦同。例如員工分紅入股所配發的股票、股息等。

（二）財產權利

1. 共同財產

(1)管理

　　共同財產屬於夫妻公同共有，亦由夫妻共同管理（民§1032）。但夫妻可以約定由一方單獨管理。共同財產之管理費用，由共同財產負擔。

(2)處分

夫妻之一方必須獲得他方之同意，始可處分共同財產（民
§1033）。

2. 特有財產

特有財產由夫妻各保有其財產之所有權，各自管理、使用、收益及處
分（民§1031-1）。

（三）債務之清償責任

1. 夫或妻婚前、婚後所負之債務，都由共同財產及各人的特有財產負
責清償（民§1034）。

例如夫婚前及婚後共計負債120萬，如果夫妻的共同財產是30萬元，
另外夫有40萬元的特有財產、妻有100萬元的特有財產。則夫的債務應由
夫妻的共同財產30萬元以及夫的特有財產40萬元，總共70萬元來清償，
雖然還有50萬元債務不足清償，但妻並不須要拿出其特有財產100萬元來
替夫清償其債務。

2. 補償請求權：共同財產所負之債務，而以共同財產清償者，不生補
償請求權問題。惟共同財產所負之債務，而以特有財產清償，或特有財產
之債務，而以共同財產清償者，有補償請求權，雖於婚姻關係存續中，亦
得請求（民§1038）。

（四）共同財產的分配，分二種情形

1. 夫妻之一方死亡：如果是夫妻的一方死亡時，共同財產的分配是
一半歸生存的一方取得，另外一半則成為死者的遺產，依繼承法處理（民
§1039）。如該生存之他方，依法不得為繼承人（民§1145）時，其對於
共同財產得請求之數額，不得超過於離婚時所應得之數額；即取回其結婚
或變更夫妻財產制時之財產（民§1058）。

2. 夫妻離婚或改用其他財產制時，由夫妻各自取回當初訂約時所存在
的財產；而訂約後才取得的共同財產，則由夫妻各得一半；但夫妻也可以
自行約定分配方法（民§1040）。

第二目　分別財產制

一、分別財產制之意義

（一）分別財產制，乃夫妻各保有其財產之所有權，各自管理、使用、收益及處分之財產制（民§1044）。亦即夫妻的財產各自獨立，各自保有所有權，各自管理、使用、收益及處分，債務也是各自負責，其生活費用則由夫妻共同分擔。

（二）夫妻如果要採用分別財產制，除了依照前述的方式由夫妻共同以書面契約約定並向法院登記之外，如果符合下列的情形，也可以由片面改用分別財產制，不須要得到他方的同意。

由夫妻的一方片面改用分別財產制，這時候不須要得到他方的同意，但是必須透過法院的裁判來宣告（民§1010）：

1. 夫妻之一方依法應給付家庭生活費用而不給付時。

2. 夫或妻之財產不足以清償其債務時。

3. 原來適用共同財產制之夫妻，依法夫妻之一方經徵得他方同意即可以處分共同財產，但他方如果沒有正當理由而拒絕同意時。

4. 原來適用共同財產制之夫妻，有管理權的一方對於共同財產之管理顯有不當，經他方請求改善而不改善時。

5. 因不當減少其婚後財產，而對他方剩餘財產分配請求權有侵害之虞時。

6. 其他重大事由時。

7. 夫妻之總財產不足清償總債務時。

8. 夫妻難於維持共同生活，不同居已達六個月以上時。

二、分別財產制之債務

分別財產制有關夫妻債務之清償，適用第1023條之規定（民§1046）。即與採用法定財產制者同。

夫 妻 財 產 制 契 約 登 記 聲 請 書									
登記類別	夫妻財產制契約訂約登記								

稱謂	姓名	出生日期	住　居　所
夫			
妻			

結婚年月日及地點	中華民國　年　月　日在　　縣（市）結婚

登記聲請	夫妻約定財產制種類	
	關於特有財產之約定及其價值	
	採共同財產制者其契約約定之內容採共同財產制；約定由夫妻之一方管理共同財產者，其財產管理權之約定	

事項	變更登記	原登記之約定財產制	原登記號數	變更後之財產制	訂立變更年月日	備　註
	廢止登記	原登記之約定財產制	原登記號數	訂立廢止契約之年月日		備　註
	其他					

附具文件	名　稱	件數	名　稱	件數	名　稱	件數
	夫妻財產制契約書		特有財產目錄		財產清冊	
	印鑑或簽名式		聲請人身分證明		土地或房屋所有權狀影本	
	委任書		法定代理人同意書			

中　華　民　國　　　年　　月　　　日
此　　致
臺灣基隆地方法院登記處
　　　　　　　　　聲請人　夫
　　　　　　　　　　　　　妻　　　　（簽名蓋章）

說明：一、登記類別欄應載明「訂約」「變更」「廢止」「重要登記」等類別。
　　　二、附具文件欄應於提出的文件名稱上空格內作「ˇ」記號，並載明件數。
　　　三、未載明的空欄及空白務須劃線刪除。
　　　四、當事人為禁治產人或未成年人者，應加具法定代理人同意的證明文件。
　　　五、聲請登記委由代理人為之者，應附具委任書。

夫妻分別財產制契約書

　　立夫妻財產分別制契約人夫　　　　　、妻　　　　　今經雙方同意，選擇分別財產制，訂立契約如下：

第壹條：夫妻財產制契約之訂立、變更、或廢止，應以書面為之。

第貳條：夫妻各保有其財產之所有權、各自管理、使用、收益及處分。

第參條：夫妻各自對其債務負清償之責。

　　　　夫妻之一方以自己財產清償他方之債務時，雖於婚姻關係存續中，亦得請求償還。

第肆條：夫妻財產分別制契約之登記，對於登記前夫或妻所負債務之債權人，不生效力，亦不影響依其他法律所為財產權登記之效力。

第伍條：雙方財產如所附目錄所載。

第陸條：本契約經法院登記後，雙方各取得之財產分別屬夫妻各別所有。

　　　　訂約人：夫　　　　　：

　　　　　　　　國民身分證

　　　　　　　　統一編號：

　　　　　　　　住　　址：

　　　　　　　妻　　　　　：

　　　　　　　　國民身分證

　　　　　　　　統一編號：

　　　　　　　　住　　址：

　　中　華　民　國　　　　年　　　　月　　　　日

財產清冊	土地標示	土地坐落	鄉鎮市區								
			段								
			小段								
		地號									
		地目									
聲請人		等則等級									
		面積	公頃								
			公畝								
			平方公尺								
蓋章		應有部分									
		所有權人									

建物標示	建號			
	建物門牌	鄉鎮市區		
		街路		
		段巷弄		
		號數		
	基地坐落	段		
		小段		
		地號		
	主要用途			
	建築式樣			
	平房或樓房及層數			
	主要建築材料			
	權利人所有建物面積（平方公尺）	地面層		
		二層		
		三層		
		騎樓		
		陽台		
		露‧花‧平‧台		
		合　　計		
	建築完成日期			
	權利人所有附屬建物	用途		
		主要建築材料		
		面積（平方公尺）		
	應有部分			
	所　有　權　人			

案例一

　　甲男乙女於民國88年結婚，婚前甲有工作收入100萬元，乙結婚時娘家贈與嫁妝50萬元，婚後甲乙均上班工作，惟二人因個性不合於91年7月10日兩願離婚，此時，甲連同結婚前之工作收入，共有財產計500萬元，其中30萬元係婚前繼承其父遺產所得，20萬元係因車禍受傷取得之慰撫金，乙婚後工作收入連同婚前嫁妝及婚後好友贈與生日禮金10萬元，共有200萬元，另負債40萬元，請問應如何分配剩餘財產？

解　析

　　依民法第1030-1條第1項規定：

1.甲應列入分配之財產：

　　500萬－30萬（繼承）－20萬（慰撫金）－100萬（婚前財產）＝350萬

2.乙應列入分配之財產：

　　200萬－50萬（嫁妝）－10萬（贈與）－40萬（負債）＝100萬

3.（350萬－100萬）÷2＝125萬

　　故甲應給予乙125萬。

案例二

　　俊榮與翠萍因相戀多年而結婚，兩人白手起家，俊榮在外工作，翠萍則在家打理家務。多年辛苦終有小成，小倆口買了一幢房子，登記在俊榮名下，價值約新臺幣500萬元，俊榮手上也持有一些股票，總值約200萬元。然而俊榮生活改善之後，竟不知精益求精，反而鬼迷心竅，有了外遇對象A，還向翠萍提離婚。更令人不平的是，俊榮竟將房子移轉登記給A，並且逐漸將手上的股票移轉給A，翠萍面對俊榮的變心，且離婚後眼看將一無所有，法律上有什麼可以保護她的規定呢？

解　析

1.依本案事實而言，翠萍雖無在外工作，然而他在家操持家務備極辛勞，使俊榮得以無後顧之憂，專心發展事業，其因此所增加之財產，不能不歸功於翠萍之協力。故民法第1030-1條第1項規定：「法定財

產制關係消滅時，夫或妻現存之婚後財產，扣除婚姻關係存續中所負債務後，如有剩餘，其雙方剩餘財產之差額，應平均分配。」換言之，俊榮若要與翠萍離婚。就必須將結婚後所累積的財產，分一半給翠萍。

2. 而俊榮在決定與翠萍離婚之時，同時也將其手上的財產作了處分，目的是為了離婚時，少分一點財產給翠萍。依民國91年6月增訂民法第1030-1條規定夫或妻於婚姻關係存續中，若為了減損前面所說的他方剩餘財產分配請求權，對其婚後財產所為之無償或一定條件之有償處分，他方得聲請法院撤銷，但此撤銷權在夫或妻之一方知有撤銷原因時起，六個月間不行使或自行為時起經過一年而消滅，目的在早日結束權利不確定之狀態，使之不危及利害關係人權益及影響交易安全（民§1020-2）；又增訂了民法第1030-3條，在離婚前五年內，夫或妻有前面所言對其婚後財產惡意的處分，該處分之財產，應追加計算，視為現存之婚後財產。

3. 所以俊榮就算在離婚前就已將其財產處分掉，在離婚時，仍須給付翠萍（700萬元財產之一半）350萬元。

案例三

夫妻剩餘財產分配之探討——永豐餘集團董事長遺產爭奪戰

據報上所載，國內知名企業永豐餘集團前董事長何壽山於88年初去世後，遺留高達新臺幣75億的遺產。何身後留有大老婆蔡蕙心及所生的三男一女、小老婆陳惠美及所生的二子。大老婆蔡蕙心為防堵庶子獲得高額遺產，去年以六名小孩為被告，提出夫妻剩餘財產分配之訴，爭取訴訟標的共計24億7000萬餘元的遺產，並且繳交裁判費2470萬餘元。蔡蕙心主張，依據民法第1030-1條第1項規定，聯合財產關係消滅時，夫或妻於婚姻關係存續中所取得而現存的原有財產，扣除婚姻關係中所負債務後，雙方剩餘財產的差額，應平均分配。其並進一步主張夫妻資產差額為49億4000萬餘元，因而請求取得夫妻剩餘財產差額的二分之一，也就是24億7000萬餘元。在訴訟中，二房的二子反駁，聯合財產關係消滅原因，不包括死亡在內，而且蔡蕙心海外置產無法計數，夫妻剩餘財

產差額不可能高達24億餘元，更何況夫妻聯合財產制是74年修法過關，何壽山所得大多在修法前賺得，不應該採取聯合財產制來計算。且身為臺南望族蔡愛義之女的大媽，名下所擁有的資產，絕對不止於她對外聲稱的19億多元，也因此不能請求分配24億7000多萬元的財產。另外，何壽山名下的財產多為不動產和股票，這一年來股市嚴重下跌、不動產市值低落，也使得何壽山的遺產價值嚴重縮水，法官就算判准原告何蔡蕙心的聲請，其亦應依據民法第1030-2條第2項予以酌減。原告蔡蕙心則認為，何壽山過世後，夫妻聯合財產關係消滅，依法兩人在婚姻關係中取得而現存之原有財產，扣除負債後所得差額，應平均分配；也就是說，何壽山遺留下來的數十億資產加加減減後，有將近50億元是兩人共有財產，她有權主張二分之一，亦即24億餘元。至於其餘的遺產，再由她與四名子女及兩名被告共七人，依法定繼承規定平均分配。此外，被告亦陳報乙份書面文件，向法官表示何壽山生前曾在秘書的見證下，利用電腦打字立下書面文件，並有何壽山的親筆簽名，文件顯示何壽山計劃將財產5%平均分配給大、小老婆，剩餘的95%，大、二房再各分60%、40%，再細分給各房的小孩。

解　析

1.被繼承人何壽山死亡，其與蔡蕙心之間的婚姻關係終了，同時其與蔡蕙心的聯合財產關係亦隨之終了。所謂聯合財產關係終了之原因有六：

(1)夫妻之一方死亡。

(2)夫妻離婚。

(3)夫妻結婚無效。

(4)夫妻婚姻被撤銷。

(5)依法夫妻因有民法第1010條的情形而改用特別定財產制之分別財產制。

(6)夫妻契約改訂夫妻財產制為分別財產制或共同財產制。

2.民法第1030-1條第1項規定：「聯合財產關係消滅時，夫或妻於婚姻關係存續中所取得而現存之原有財產，扣除婚姻關係存續中所負債務後，如有剩餘，其雙方剩餘財產之差額，應平均分配。但因繼承或其

他無償取得之財產，不在此限。」

　　案例中，原告主張何壽山的剩餘財產約75億，與原告之剩餘財產相減後約49億4000萬元，因此原告有權請求49億4000萬元的二分之一，即24億餘元。民法第1030-1條係於民國74年6月5日公布施行，且由於民法親屬編施行法第1條採法律不溯及既往原則，因此，剩餘財產分配的規定，自民國74年6月5日以後的財產關係始能適用。何壽山與蔡蕙心雖於法律增訂前結婚，但聯合財產關係消滅的時間既係於民國88年新法增訂後，則當然有民法第1030-1條剩餘財產分配之適用。另依民法第1030-1條第2項之規定，夫妻之一方請求平均分配剩餘財產差額，如有顯失公平之情事，法院得於夫妻就分配剩餘財產差額之給付或確認訴訟中，依職權加以酌減。被告聲稱原告在海外置產無數，因此原告與何壽山剩餘財產的差額應小於49億，關於此，被告應提出原告有隱匿財產之證據，法院無法因此即酌減分配差額。另被告又主張二房陳惠美對於何壽山事業之經營助益甚大，因此應酌減原告請求之數額，此一主張與前揭酌減之要件不符，顯無理由，不予採信。

3. 依民法第1190條之規定：「自書遺囑者，應自書遺囑全文，記明年、月、日，並親自簽名。如有增減、塗改，應註明增減、塗改之處所及字數，另行簽名。」被告提出乙份何壽山生前以電腦打字所留下的書面文件，記載其如何分配財產，並有秘書為證。然該份書面資料既非「自書」，則雖有簽名亦不能認為為有效之自書遺囑。被告聲稱原告提出本件訴訟已違背被繼承人何壽山之遺願，但即使這份書面文件得視為何壽山的自書遺囑，惟遺囑既然僅能就遺產為分配，則原告在計算遺產前的剩餘財產分配請求權應不受影響。

案例四

　　甲女是建築師，乙男是公務員，兩人於民國91年7月1日結婚，未約定夫妻財產制，為了回學校攻讀碩士，甲女與乙男商量後，於結婚前辭去工作，並且言明這段期間由乙男賺錢維持兩人生活，二年後甲女畢業，就輪到乙男申請留職停薪去進修，由甲女賺錢維持兩人生活。新婚一個多月以後開始，甲女與乙男兩人陸續收到房東催繳房租的帳單、以及兩人信用卡的帳單，小倆口卻為了這些費用究竟應該由誰來負擔發生激烈爭執。兩人爭執的費用包括：

　　1.房租共15,000元。
　　2.甲女一個月來在超市買菜的費用累計共3500元。
　　3.甲女跟朋友聚餐的費用850元。
　　4.甲女學費共30,000元。
　　5.乙男上網咖之費用1,000元。

　　針對上述費用，甲女認為自己目前沒有收入，且已經辛苦在家煮飯、洗衣服、整理家務，因此房租與買菜的錢，應該全部由乙男負擔，乙男並且應該提供一定金額之金錢，供甲女自由處分，以支付甲女與朋友聚餐之費用及學費，至於乙男自己上網咖之費用，本應由乙男負擔。乙男則主張，就算房租由他負擔，但甲女至少應該自行負擔與朋友聚餐之費用及學費，否則甲女也該幫她分擔上網咖之費用。試問根據新修訂民法親屬編，上述五種費用，究竟應該如何分擔？

解　析

1.甲女因回學校攻讀碩士並留職停薪目前並無收入，且已經辛苦在家煮飯、洗衣服、整理家務，故依民法第1003-1條條規定，第1項房租及第2項買菜費用應由乙男負擔，惟該項費用所生之債務，由甲乙負連帶責任（民§1003-1Ⅱ）。

2.依民法第1023條規定：「夫妻各自對其債務負清償之責。」故第3項甲女之聚餐費用及第4項甲女之學費由甲女自己負擔；第5項乙男上網咖之費用，則由乙男自己負擔。惟夫妻之一方以自己財產清償他方之債務時，雖於婚姻關係存續中，亦得請求償還（民§1023Ⅱ）。

第五節 離 婚

一、離婚之意義

　　離婚者,謂夫妻於婚姻關係存續中,協議或經法院判決,消滅其婚姻關係之謂也。其經雙方協議者,曰協議離婚或兩願離婚。其經法院判決者,曰判決離婚。民國74年6月3日修正民法親屬編,就兩願離婚,改採登記主義;將裁判離婚原因兼採概括主義之破綻主義[22],擴大離婚原因,

---

[22] **1.破綻主義**

從國外比較法的角度觀察,對於婚姻破綻的認定與證明,通常包括分居或別居之事實。例如:英國法規定,以一定期間之別居作為婚姻破綻證明之一;法國民法也規定,「因共同生活破綻之離婚」為離婚方式之一,而已六年以上之別居為其離婚原因;德國也有就五年別居以外之破綻離婚等。歐洲各國法例均認為分居多年,得視為重大的婚姻破綻,而得向法院起訴請求離婚,其中仍有二者的不同。第一種認為,分居多年已是一種重大的破綻,因此基於此重大破綻,因為已無共同生活的事實,當然得起訴請求離婚;第二種則認為,分居多年的事實,僅在於證明婚姻生活中已經有不能繼續維持的事實,此時,分居多年的事實,應不是獨立的裁判離婚要件,僅是證明婚姻有不能維持的事實。

2.破綻主義之檢討

例如:民法第1056條之損害賠償、民法第1057條贍養費之給與、以及未成年子女的監護等問題,仍多受傳統有責主義的影響。只有在夫妻一方有過失時,他方才得請求民法第1056條之損害賠償,只有夫妻一方無過失時,方得向他方請求民法第1057條之贍養費。甚至於在未成年子女的監護,有構成民法第1052條中各款事由之一方,也往往被法院認定為較不符合子女之最佳利益,而將監護權判給夫妻之他方。也就是說,民法第1052條原則上係採客觀的破綻主義精神,只要婚姻生活中有重大的破綻,而難以維持婚姻,即得向法院訴請離婚,但又在主觀上特別限制,若該重大的破綻係可歸責於夫妻一方者,該可歸責之一方即不得訴請離婚。學者對此有所批評,蓋為貫徹婚姻制度存在之目的,應採行歐陸現行之法律思想,也就是離婚的原因以破綻主義為依歸,且不應限制有責配偶不得請求離婚,否則若該重大的破綻仍持續存在,而無責配偶卻欲箝制或制裁對方而不願意提起離婚,此無異於架空婚姻生活的本質,也並非夫妻雙方之福祉,且縱使當事人係屬無責,也有婚姻破綻之可能。因此我國民法第1052條之規定,有責主義之色彩仍非常濃厚,應有修正之必要。而我國實務以最高法院95年度第5次民事庭會議為代表,其認為:「婚姻如有難以維持之重大事由,於夫妻雙方就該事由均須負責時,應比較衡量雙方之有責程度,有責任程度較輕之一方得向責任較重之他方請

並僅限無責配偶之一方始得請求離婚。

二、離婚之型態

離婚之成立有兩種方式，即兩願離婚與判決離婚是也。茲分述如次：

(一)兩願離婚

夫妻雙方得訂立契約而離婚，是為兩願離婚。民法第1049條規定：「夫妻兩願離婚者，得自行離婚。但未成年人應得法定代理人之同意。」又民法第1050條規定：「兩願離婚，應以書面為之，有二人以上證人之

求離婚，如雙方之有責程度相同，則雙方均得請求離婚，始符合民法第1052條第2項規定之立法本旨。」承前所述，若欲落實破綻主義之精神，實應採學說之看法，亦即雙方當事人均得提起訴訟，若採實務之見解，雙方當事人之有責程度高低，也是由法院為判斷，當法院為相當程度之審理後，方有可能對雙方之有責程度高低，也是由法院為判斷，當法院為相當程度之審理後，方有可能對雙方之有責程度作判斷，此時若法院逕認為提起訴訟之一方有責程度較低，即駁回訴訟，無異於浪費司法資源，對於婚姻之維持亦無幫助，至多僅留存空殼之婚姻，而無婚姻之實。針對上述學說上對我國實務之批評，批評者對於應如何放寬裁判離婚要件為妥適有如下看法。

(1)分居達三年以上

我國民法第1052條之規定，除第1項中具體事由的列舉外，尚有第2項抽象事由之補充，也就是說，即使目前現行法尚未具體規定，夫妻雙方分居三年以上得做為請求裁判離婚之事由，夫妻一方仍可能依據民法第1052條第2項之規定，認為夫妻雙方分居三年以上之事由，已難以維持婚姻，而得向法院起訴請求離婚。此即為我國破綻主義的表現。

(2)施用毒品、酗酒、賭博

關於此部分的立法，草案中對於「施用毒品、酗酒、賭博等3種有延續性與成癮性的行為，配偶一旦染上相關習性無法戒除，導致不堪共同生活時，得提起離婚之訴。」其中重要的部分，乃係「不堪共同生活」，也就是說，並非配偶一方所有延續性成癮性的行為，均得提起離婚之訴，而所謂不堪共同生活，係一不確定法律概念，也就是個案事實是否符合「不堪共同生活」之要件，仍需待法院之判斷，或是經由法院實務之累積，形成一定之標準。

但既然增列此條文後，仍需有「不堪共同生活」之要件，其實就是破綻主義之精神，只要有不能繼續維持婚姻生活之重大事由，即得做為起訴離婚之原因，此也是目前民法第1052條第2項規定之內容，也就是說，縱使沒有增訂此條文，我國目前現行法對於「施用毒品、酗酒、賭博等3種有延續性與成癮性的行為，配偶一旦染上相關習性無法戒除，導致不堪共同生活時」，仍得依照民法第1052條第2項本文提起離婚之訴，故本條文之增訂，實益恐怕較低。

簽名，並應向戶政機關為離婚之登記。」

　　兩願離婚，乃為要式行為。夫妻間雖有離婚之合意，如未依此方式為之，仍屬無效。證人之簽名，不須於書據作成同時為之，亦不限於協議離婚時在場之人（42臺上1001），但須為親見或親聞雙方當事人確有離婚真意之人（68臺上3792）。又離婚雖已作成書面或經法院和解、調解成立，仍須經戶政機關辦理離婚登記後，始成立生效。關於離婚之意思表示須由當事人自行為之，兩願離婚，固為不許代理之法律行為，惟夫或妻自行決定離婚之意思，而以他人為其意思之表示機關，則與以他人為代理人使之決定法律行為之效果意思者不同，自非法所不許。

（二）判決離婚

1. 判決離婚

　　判決離婚乃經法院判決之離婚[23]。此種離婚係於當事人未能為兩願離婚，而一方訴請法院判決其離婚，故必須有法定理由始可。新法將原來嚴格之列舉主義改採例示的概括主義，舊民法第1052條所列舉十大離婚原因改列為第1項，增加第2項之概括離婚原因：「有前項以外之重大事由，難以維持婚姻者，夫妻之一方得請求離婚。但其事由應由夫妻之一方負責者，僅他方得請求離婚。」新法雖賦予法院有較大的衡量權，以符合人性；惟不少婦女仍大力抨擊，認為對女方不公，實為「結婚容易離婚難」[24]。（101台抗1048）

---

[23] 按本法施行前已繫屬尚未終結之家事事件，依其進行程度，由繫屬之法院依本法所定程序終結之，民國101年6月1日施行之家事事件法第197條第2項定有明文。請求離婚等事件，就原判決關於給付生活費用部分聲明不服，提起第三審上訴，而該部分為家事事件法第3條第5項第5款所定戊類事件，依同法第74條，應適用家事非訟程序之規定。（101台抗1048）

[24] 法務部民法親屬編研修小組經過多次會商，並邀請婦女團體代表與會，決定把列舉的十項要件，縮減為五項，即「重婚者、與配偶以外之人合意性交者（不採通姦的理由為含括同性戀在內）、對他方為不堪同居之虐待者、以惡意遺棄他方在繼續狀態中者、意圖殺害他方者」，刪除虐待翁姑、有不治惡疾、有重大不治精神病、生死不明逾三年及犯不名譽之罪等5項。

　　同時，增訂第2項：「夫妻因婚姻破裂而有難以維持共同生活之重大事由者，得向法院提起

依民法第1052條第1項規定，夫妻之一方，有下列情形之一者，他方得向法院請求離婚：

(1)重婚者

「重婚」，指有配偶而重為婚姻或同時與二人以上結婚（民§985）者而言。在准許離婚或宣告死亡之判決確定前再婚者，亦為重婚（院1338）。民國74年6月3日民法第985條修正為：「有配偶者，不得重婚」（Ⅰ）。「一人不得同時與二人以上結婚」（Ⅱ）。就其要件分別規範，且同列為第988條第2款之無效婚。惟同時與第二人結婚，該二個婚姻皆無效，與重婚尚有一前婚姻存在，而前婚姻之他方配偶得請求解消後婚姻者不同（參閱釋362、552）。故同時與二人結婚，應不屬於第1款之「重婚」之離婚事由，並無得請求離婚之情事。一方重婚，他方有請求離婚之權；但有請求權之一方，於事前同意，或事後宥恕或知悉後已逾六個月，或自其情事發生後已逾二年者，不得請求離婚（民§1053）。

(2)與配偶以外之人合意性交者

通姦乃與配偶以外之異性性交之謂。夫妻應互負貞操義務（釋147），有配偶者自不得再與他異性通姦，否則構成離婚之理由。夫納妾而與之同居者，即屬與人通姦（22再5），結婚前與人通姦，如在婚約訂定之後，僅得於結婚前解除契約，不得於結婚後據以請求離婚（33上294）；又妻以夫納妾與之通姦為理由請求離婚，並不以夫已因通姦罪被處刑罰為要件，妻不為告訴而請求離婚，自無不可（28上2477）。惟此項離婚之行使，依民法第1053條規定，有請求權之一方，事前同意，或事後宥恕，或知悉後已逾六個月，或自其情事發生後已逾二年者，則不得

離婚之訴。夫妻不繼續共同生活達五年以上者，亦同。」第3項：「前項情形，法院認為離婚對於拒絕離婚之一方顯失公平，或對於未成年子女顯有不利，或斟酌一切情事認為有維持婚姻之必要時，得駁回離婚之請求。」另外，修正第1053條，對於犯重婚、與配偶以外之人合意性交者，經配偶一方事後宥恕或知悉後，已逾六個月或自其情事發生後已逾兩年者，不得提起請求離婚；修正第1054條，對意圖殺害他方者，有請求權之一方知悉已逾一年或自其情事發生後已逾五年者，也不得提起離婚請求。

請求離婚矣。

(3)夫妻之一方對他方為不堪同居之虐待者

所謂虐待，係指予以身體或精神上不可忍受之痛苦，致不堪同居者而言（23上678、34上3968、101婚159）。至於虐待應至如何程度，始為不堪同居之虐待？應就具體事件，衡量夫妻之一方受他方虐待所受侵害之嚴重性，斟酌當事人之教育程度、社會地位及其他情事，是否已危及婚姻關係之維繫以為斷。若受他方虐待已逾越夫妻通常所能忍受之程度而有侵害人格尊嚴與人身安全者，即不得謂非受不堪同居之虐待。最高法院23年上字4554號判例謂：「夫妻之一方受他方不堪同居之虐待，固得請求離婚，惟因一方之行為不檢而他方一時忿激，致有過當之行為，不得即謂不堪同居之虐待」（釋372、34上3968、44臺上26、32上1906）。夫妻間偶而失和毆打他方，如按其情形尚難認為不堪同居之虐待者，不得據為離婚原因；惟因尋常細故迭次毆打、慣行毆打即為不堪同居之虐待。又夫誣稱其妻謀害本夫，使之感受精神上之痛苦（33上1201）；妻因夫叛國附逆所受精神上之痛苦，實較受不堪同居之虐待為尤甚（37上7545），不得謂非不堪同居之虐待。

按民法第1052條第3款所謂不堪同居之虐待，係指施予身體或精神不可忍受之痛苦，致不堪繼續同居者而言，如非客觀已達此程度，不容夫妻之一方，以其自身主觀見解，任意請求離婚（34上3968）。申言之，夫妻之一方受他方不堪同居之虐待，非以他方出於虐待之主觀意思為要件，苟他方侵害人格尊嚴與人身安全之行為，客觀上已逾越夫妻通常可忍受程度，危及婚姻關係之維繫，即屬不堪同居之虐待。然究否已達身體上及精神上不堪同居之虐待，須自夫妻共同生活之全盤情況，依具體事件考量夫妻一方受他方虐待所受侵害之嚴重性。

倘夫妻一方予他方以身體上或精神上不可忍受之痛苦，致無從繼續保持共同生活之圓滿、安全及幸福而生婚姻之破綻，即屬不堪同居之虐待（釋372、87年臺上2957、87臺上2474、87臺上2137、86臺上2911、84臺

上1755、84臺上1307）。[25]

(4)夫妻之一方對他方之直系親屬為虐待，或夫妻一方之直系親屬對
他方為虐待，致不堪為共同生活者

所謂妻對於夫之直系尊親屬為不堪共同生活之虐待，係指予以身體上
或精神上不可忍受之痛苦，致不堪繼續共同生活者而言。例如屢為無理
爭鬧並加以暴行之行為、毆打成傷、用板凳毆傷業經另案刑事判決判處
拘役20日是（31上1949、31上2461、31上2789）。新法為貫徹男女平等
之原則，本款其適用範圍擴大及於夫；且嫁娶婚、招贅婚（28上2116、29
上2043、31上2789）均有其適用。又民法第1052條第4款所稱之直系尊親
屬，不以血親為限，繼母為直系姻親尊親屬亦包含在內（33上4279）。

(5)夫妻之一方以惡意遺棄他方在繼續狀態中者

民法第1052條第5款所謂夫妻之一方，以惡意遺棄他方，在繼續狀態
中者，係指夫或妻無正當理由，不盡同居或支付家庭生活費用之義務而言
（釋18、39臺上415、22上9220）[26]。民國74年6月3日增訂第1116-1條條規
定：「夫妻互負扶養之義務，其負扶養義務之順序與直系血親卑親屬同，
其受扶養權利之順序與直系血親尊親屬同。」解釋上，惡意遺棄亦應包括
扶養義務之不履行，殆無疑義。

(6)夫妻之一方意圖殺害他方者

所謂「意圖殺害」，只須證明有殺害之故意即可，不以有著手殺害
為必要。殺害之意圖包括殺人未遂與預備（刑§271）。惟有請求權之一

---

[25] 宜蘭地院101年婚字53號判決

[26] 臺北地院101年婚字287號判決：……「被告竟於98年5月11日，在未告知原告及家人之情形
下，私下無故攜帶黃思嘉出境至中國河南省，迄今皆未返台。按夫妻之一方為臺灣地區人
民，一方為大陸地區人民者，其結婚或離婚之效力，依臺灣地區之法律，臺灣地區與大陸地
區人民關係條例第53條定有明文。被告於98年5月11日出境之後，即未返臺履行夫妻同居義
務，也未告知行止，音訊全無，致兩造分居已久，客觀上兩造之婚姻已因被告之行徑，足以
破壞夫妻共同生活而達於難以繼續維持婚姻之重大事由，從而，衡以該事由之發生並非基於
原告一方所致之，是揆諸民法第1052條第2項前段規定，原告據以訴請判決離婚，依法即無
不合」。

方，自知悉後，已逾一年，或自其情事（指意圖殺害）發生後已逾五年者，不得請求離婚（民§1054）。

(7)有不治之惡疾者

惡疾者係指對於人之身體機能有礙，而為一般人所厭惡之疾病而言，例如痲瘋、花柳病、不可治之梅毒等是（23上4051、民§976⑤、31上3110）；反之，因病失明（27上2724）、右邊手足殘廢（32上6681）、婦女患有白帶疾（30上1798）則非第1052條第7款所稱不治之惡疾。至於不能人道是否為不治之惡疾？實務上採否定說，惟他方僅得依民法第995條於知悉其不能治之時起，三年內請求撤銷結婚（29上1913、83年度第4次民事庭會議決議）。

(8)有重大不治之精神病者

精神病係指精神失常而言，不包括聾、盲、啞（24院1355）。上訴人其所患之精神病已在外家醫治數年迄未治癒，反日趨沉重而達重大不治之程度，依民法第1052條第8款之規定，被上訴人自得請求離婚，上訴人乃以其精神病係在被上訴人家憂鬱所致，被上訴人不得乘病請求離婚等情為抗辯，殊無足取（33上5777）。

(9)生死不明已逾三年者

生死不明乃指其人業已失蹤，而生死不明之情形而言。所謂「生死不明」，係指夫妻之一方於離家後，杳無音訊，既無從確知其生，亦無從確知其死之狀態而言。就被告是生是死之事實，不負證明之責任（62臺上845）。若僅因戰事交通阻隔，一時無從採悉其行止，顯與「生死不明」之情形不同（43臺上538）。又失蹤人之死亡宣告（民§8），有可能被撤銷之（民訴§635、§640），而依第1052條第9款之規定判決離婚者，則可根本消滅婚姻關係。

(10)因故意犯罪，經判處有期徒刑逾六個月確定者

被處三年以上有期徒刑，不論罪名如何，皆構成離婚之理由；若犯不名譽之罪而被處徒刑，則不論其刑期若干，亦均構成離婚理由。而所謂被處三年以上之徒刑或因犯不名譽之罪被處徒刑者，係指宣告刑且被處徒刑

之判決已確定者而言（31上1197、67臺上33）。不名譽之罪，例如意圖營利和誘有配偶人脫離家庭罪（刑§240Ⅲ、27上506），竊盜、詐欺、侵占及姦淫（46臺上1701、27上3196）、背信、偽造文書（33上3142）、吸食鴉片（33上3406）。至於處刑判決是否失當，民事法院無再為斟酌之餘地（74臺上1507）；而若夫妻雙方共犯詐欺者，即難謂其互相因該犯罪而造成對方精神上之痛苦，自應解為彼此均無離婚請求權（81臺上2545）。

但有請求權之一方自知悉後已逾一年，或自其情事發生後已逾五年者，不得請求離婚（民§1054），以示限制。所謂知悉其情事，應自知悉被處徒刑之判決確定時起算（67臺上33）。

有上列以外之重大事由，難以維持婚姻者，夫妻之一方得請求離婚；但其事由應由夫妻之一方負責者，僅他方得請求離婚（民§1052Ⅱ）。[27]所謂「重大事由」，指本條第1項所列十款以外可歸責於夫或妻之事由，且其事由甚為重大，已達難以維持婚姻之程度者而言（79臺上1053）。至於是否難以維持婚姻之重大事由，由法院就具體情事，依客觀標準決之。例如兩造為夫妻關係，育有一對兒女，被告於民國78年間因有外遇拋夫棄子離家，兩造分居已十三餘年，夫妻感情早已破裂而不復存在（91婚973）；兩造於民國90年7月在越南結婚，嗣被告來臺後，在臺北市中山

---

[27] 第1052條第2項概括規定之見解：

1.實務見解（93台上987、95第五次民庭決議）：

第1052條第2項係採消極之破綻主義，其規範意旨乃係為避免有責配偶之恣意離婚，破壞婚姻秩序，違反自己清白之原則；因此，在解釋第1052條第2項之規定時，應認為於雙方配偶皆有責時，僅責任較輕之一方的請求離婚，責任相同時，則雙方配偶均有離婚請求權。

2.林秀雄見解：

第1052條第2項但書係不當之立法，應予刪除；以未刪除前，應採較為寬鬆之解釋，不應過度限制有責配偶之離婚請求，以符合破綻主義之基本精神，亦即，應解釋為第1052條第2項之規範目的，只在於針對婚姻破綻之產生，僅配偶一方有責時，限制該惟一有責配偶之離婚請求而已；若離婚破綻之產生，雙方配偶皆有責時，則不在第1052條第2項規範適用之範疇內，亦即此種情形下，不論何人之可歸責程度較高，雙方配偶均享有訴請離婚之權利。

北路因涉嫌應召，為警查獲，遭遞解出境是（91婚465）。

2. 離婚經法院調解或法院和解成立者

離婚經法院調解或法院和解成立者，婚姻關係消滅。法院應依職權通知該管戶政機關（民§1052-1）[28]。

三、離婚之效力

夫妻離婚其因婚姻所生之身分上、財產上之一切法律關係向將來消滅。離婚效力之發生，在兩願離婚為離婚完成登記時（戶§17、§36），在判決離婚為判決確定時。離婚之效力，可分為身分上及財產上之效力，茲分述如次：

（一）身分上之效力

夫妻離婚後，婚姻關係消滅，因婚姻關係所生之身分關係如夫妻關係、姻親關係亦隨離婚而消滅。例如夫妻間之同居義務（民§1001）、日常家務互為代理權利（民§1003）、互為遺產繼承人（民§1144）均歸消滅；又妻冠以夫姓者，去夫姓；贅夫冠以妻姓者，去妻姓。姻親關係，因離婚而消滅（民§971）。惟直系姻親結婚之限制，於姻親關係消滅後，仍適用之（民§983 II）。另外，夫妻離婚，與其所生子女或養子女之血親關係，並不消滅，而其相互之扶養義務、遺產繼承權仍繼續存在。

（二）子女之監護[29]

聯合國1989年11月公布之兒童權利公約正式承認兒童具有權利行使之主體性，非受保護之客體；否定父母有親權上之絕對權威，強調父母保護教養未成年子女之義務，並且要尊重未成年子女之意見，因此子女最佳利

----

[28] 為使調解離婚具有形成力而非屬於協議離婚之性質，本條明訂當事人經法院調解離婚成立者即與形成判決具有同一之效力，使離婚登記僅屬報告性質。又為使身分關係與戶籍登記一致，爰明訂法院應即通知戶政機關為離婚之登記。

[29] 由於民法親屬編第1051條、第1055條不符合男女平等原則且保護未成年子女之利益不周，民國85年9月27日刪除第1051條，修正第1055條並增訂第1055-1條及第1055-2條。

益應該就是「子女權利」。我國民法親屬篇所謂子女最佳利益，應該也是要確保子女權利為考量，而非以對父母是否公平作為考量基準。

　　1. 民法第1055條（離婚時子女之監護[30]）第1項：監護權之行使依夫妻

---

[30] 德民§1684、瑞民§273、§274、§274a、§275。

德民§1684: Umgangsrecht von Kind und Eltern

1.Das Kind hat das Recht auf Umfang mit jedem Elternteil; jeder Elternteil ist zum Umgang mit dem Kind verpflichtet und berechtigt.

2.Die Eltern haben alles zu unterlassen, was das Verhaltnis des Kindes zum jeweils anderen Elternteil beeintrachtigt oder die Erziehung erschwert. Entsprechendes gilt, wenn sich das Kind in der Obhut einer anderen Person befindet.

3.Das Familiengericht kann uber den Umfang des Umgangsrechts entscheiden und seine Ausubung, auch gegenuber Dritten, naher regeln. Es kann die Beteiligten durch Anordnungen zur Erfullung der in Absatz 2 geregelten Pflicht anhalten.

4.Das Familiengericht kann das Umgangsrecht oder den Vollzug fruherer Entsch- eidungen uber das Umgangsrecht einschranken oder ausschliesen, soweit dies

zum Wohl des Kindes erforderlich ist. Eine Entscheidung, die das Umgangsrecht oder seinen Vollzug fur langere Zeit oder auf Dauer einschrankt oder ausschliest, kann nur ergehen, wenn andernfalls das Wohl des Kindes gefahrdet ware. Das Familiengericht kann insbesondere anordnen, das der Umgang nur stattfinden darf, wenn ein mitwirkungsbereiter Dritter anwesend ist. Dritter kann auch ein Trager der Jugendhilfe oder ein Verein sein; dieser bestimmt dann jeweils, welche Einzelperson die Aufgabe wahrnimmt.

瑞民Art. 273: Personlicher Verkehr

Eltern und Kinder

Grundsatz

1.Eltern, denen die elterliche Sorge oder Obhut nicht zusteht, und das unmundige Kind haben gegenseitig Anspruch auf angemessenen personlichen Verkehr.

2.Die Vormundschaftsbehorde kann Eltern, Pflegeeltern oder das Kind ermahnen und ihnen Weisungen erteilen, wenn sich die Ausubung oder Nichtausubung des personlichen Verkehrs fur das Kind nachteilig auswirkt oder wenn eine Ermahnung oder eine Weisung aus anderen Grunden geboten ist.

3.Der Vater oder die Mutter konnen verlangen, dass ihr Anspruch auf personlichen Verkehr geregelt wird.

瑞民Art. 274: Schranken

協議，協議不成由法院定之。「夫妻離婚者，對於未成年子女權利義務之行使或負擔，依協議由一方或雙方共同任之。未為協議或協議不成者，法院得依夫妻之一方、主管機關、社會福利機構或其他利害關係人之請求或依職權酌定之。」

　　第2項：夫妻協議不利子女時，法院得改定之。「前項協議不利於子女者，法院得依主管機關、社會福利機構或其他利害關係人之請求或依職權為子女之利益改定之。」

- - - - - - - - - - - - -

1. Der Vater und die Mutter haben alles zu unterlassen, was das Verhaltnis des Kindes zum anderen Elternteil beeintrachtigt oder die Aufgabe der erziehenden Person erschwert.
2. Wird das Wohl des Kindes durch den personlichen Verkehr gefahrdet, uben die Eltern ihn pflichtwidrig aus, haben sie sich nicht ernsthaft um das Kind gekummert oder liegen andere wichtige Grunde vor, so kann ihnen das Recht auf personlichen Verkehr verweigert oder entzogen werden.
3. Haben die Eltern der Adoption ihres Kindes zugestimmt oder kann von ihrer Zustimmung abgesehen werden, so erlischt das Recht auf personlichen Verkehr, sobald das Kind zum Zwecke kunftiger Adoption untergebracht wird.

瑞民 Art. 274a: Dritte

1. Liegen ausserordentliche Umstande vor, so kann der Anspruch auf personlichen Verkehr auch andern Personen, insbesondere Verwandten, eingeraumt werden, sofern dies dem Wohle des Kindes dient.
2. Die fur die Eltern aufgestellten Schranken des Besuchsrechtes gelten sinngemass.

瑞民 Art. 275: Zustandigkeit

1. Fur Anordnungen uber den personlichen Verkehr ist die Vormundschaftsbehorde am Wohnsitz des Kindes zustandig und, sofern sie Kindesschutzmassnahmen getroffen hat oder trifft, diejenige an seinem Aufenthaltsort.
2. Teilt das Gericht nach den Bestimmungen uber die Ehescheidung und den Schutz der ehelichen Gemeinschaft die elterliche Sorge oder die Obhut zu, oder hat es uber die Anderung dieser Zuteilung oder des Unterhaltsbeitrages zu befinden, so regelt es auch den personlichen Verkehr.
3. Bestehen noch keine Anordnungen uber den Anspruch von Vater und Mutter, so kann der personliche Verkehr nicht gegen den Willen der Person ausgeubt werden, welcher die elterliche Sorge oder Obhut zusteht.

　　第3項：行使監護權之一方未盡其義務，利害關係人得請求法院改定之。「行使、負擔權利義務之一方未盡保護教養之義務或對未成年子女有不利之情事者，他方、未成年子女、主管機關、社會福利機構或其他利害關係人得為子女之利益，請求法院改定之。」

　　第4項：法院得酌定監護權行使之內容及方法。「前三項情形，法院得依請求或依職權，為子女之利益，酌定權利義務行使負擔之內容及方法。」

　　第5項：法院得酌定未行使監護權之一方與未成年子女會面交往。第5項規定：「法院得依請求或依職權，為未行使或負擔權利義務之一方酌定其與未成年子女會面交往之方式及期間。但其會面交往，有妨害子女之利益者，法院得依請求或依職權變更之。」

　　民國96年3月28日修正公布施行之家庭暴力防治法與未成年子女會面交往有關之規定，例如第14條通常保護令、第43條不利於未成年子女之推定、第44條權利義務行使負擔人之改定、第45條加害人會面交往其未成年子女之審酌與命令是。民國94年2月5日非訟事件法修正第122條至第132條，為有關未成年子女權利義務之行使。

　　2. 民法第1055-1條：法院為監護權裁判時，應注意事項。「法院為前條裁判時，應依子女之最佳利益，審酌一切情狀，參考社工人員之訪視報告，尤應注意左列事項：一、子女之年齡、性別、人數及健康情形。二、子女之意願及人格發展之需要。三、父母之年齡、職業、品行、健康情形、經濟能力及生活狀況。四、父母保護教養子女之意願及態度。五、父母子女間或未成年子女與其他共同生活之人間之感情狀況」（民§1055-1）。[31]

----

31 酌定親權之原則（鄧學仁，離婚後子女親權酌定之問題與對策，月旦法學雜誌，第191期，頁34-44）：

　　1.照護之繼續性或現狀維持原則：基於心理學之研究，經常更換生活環境或親權人，會使未成年子女處於不安定之狀態，造成精神上過度負擔，因此對未成年子女之照護關係以持續不間斷為原則。

3. 民法第1055-2條：父母均不適合行使權利時法院之處理。「父母均不適合行使權利時，法院應依子女之最佳利益並審酌前條各款事項，選定適當之人為子女之監護人，並指定監護之方法，命其父母負擔扶養費用及其方式」（民§1055-2）。

按家事事件法第104條第1項第1款、第107條第1項規定：

(1)就未成年子女親權應如何行使之酌定、改定、變更事項，係為達成照顧、增進子女之利益、福祉為其公益上之目的，並需由法院預測、展望子女之未來，衡量相關具體情事，為充足其健全養育所需條件而形成，除無明確要件事實可供法院依憑，有賴法院依職權為裁量，以形成、創設具體妥當之判斷內容外，其程序標的亦不容當事人任意處分，故性質上多屬職權事件。

(2)法院酌定、改定或變更父母對於未成年子女權利義務之行使或負擔時，得命交付子女、容忍自行帶回子女、未行使或負擔權利義務之一方與未成年子女會面交往之方式及期間、給付扶養費、交付身分證

- - - - - - - - - - - - -

2.嬰幼兒之母親優先原則：常識認為母性的養育對嬰幼兒是較需要的。

3.子女意思尊重原則：日本的家事審判規則第70、72、54條規定，子女滿15歲時，於審判親權人之指定變更前，應聽取未成年子女之意見。台灣非訟事件法第128條規定，法院得聽取7歲以上未成年人之意見。

4.父母適性之比較衡量原則：針對父母的經濟能力、居住條件、身心健康、性格、對於子女之親情熱愛程度、照護意願、養育能力、照護輔助者及其他支援系統之有無、照護之繼續性等加以比較衡量。

5.手足同親原則：審判實務上對於有兄弟姊妹的案例，會盡可能將其置於同一親權人，使他們得以共同生活，認為如此才有利其健全成長。日本有判例將不願與母親同住之15歲長女，指定給父親，將容易成為父親施暴對象之12歲長男，指定母親為其親權人，而未置於同一親權人下。

6.主要照顧者原則：在夫妻不共同生活之狀況下，主要以參與子女成長所付出之時間，例如：陪同子女就醫、參與學校之親師座談、對子女師長或好友之認識度、學習狀況之掌握等等做為判斷依據。

7.善意父母原則：夫妻間有時為了爭奪子女會有先占先贏，以符合繼續性原則之錯誤想法。為避免這種狀況產生，法官可針對父母所提出之會面交往方案，評估父母哪一方較為善意，作為親權歸屬之判斷依據，並藉此確保子女最佳利益之目標。

明文件或其他財物，或命為相）當之處分，並得訂定必要事項（家事
§107 I、民§§1055IV、V、1116-2）；父母就該事件得協議之事項
內容達成合意，而其合意符合子女最佳利益時，法院應將合意內容記
載於和解筆錄（家事§110）。

（三）財產上之效力

在裁判離婚，當事人得為損害賠償或贍養費之請求（民§1056、
§1057）；兩願離婚如當事人未有此協議，則不得請求之（28上487、39
臺上920）。

1. 損害賠償（民§1056）

(1)財產上之損害

夫妻之一方，因判決離婚而受有損害者，得向有過失之他方，請求
賠償（I）。訂婚、結婚之宴客費、聘金不得請求賠償（45臺上885、50
臺上351）。至損害之賠償或贍養費給予之額數，則應斟酌請求權人之身
分、年齡及自營生計之能力與生活程度，並賠償義務人之財力如何而定
（19上36）。

(2)非財產上之損害

前項情形，雖非財產上之損害，受害人亦得請求賠償相當之金額，但
以受害人無過失者為限（II）。前項請求權，不得讓與或繼承，但已依契
約承諾或已起訴者，不在此限（III）。

2. 贍養費之給與

「夫妻無過失之一方，因判決離婚而陷於生活困難者，他方縱無過
失，亦應給與相當之贍養費」（民§1057）。至贍養費給與之額數，參
酌前已提及之19年上字第36號判例。

3. 財產分割

民國91年6月26日修正民法第1058條：「夫妻離婚時，除採用分別財
產制者外，各自取回其結婚或變更夫妻財產制時之財產。如有剩餘，各依

其夫妻財產制之規定分配之。」夫妻離婚時，如採「分別財產制」者，依民法第1044條，「夫妻各保有其財產之所有權，各自管理、使用、收益及處分。」故無取回其財產可言。如採「法定財產制」者，夫妻各自取回其結婚或變更夫妻財產制時之財產，如有剩餘，依民法第1030-1條至第1030-4條之規定，計算雙方剩餘財產之差額後，應予平均分配；如採「共同採財產制」者，依民法第1040條第2項之規定，除夫妻另有約定外，夫妻各取得共同財產制關係存續中取得之共同財產之半數。

歷屆高普考特考試題

1. 試述結婚之形式要件。（80高）
2. 試述婚姻之普通效力。（48高補）
3. 試述兩願離婚之形式要件。（74普）
4. 甲男與乙女為夫妻。乙女有一表姐之女兒丙，年滿21歲，長得秀麗可愛。甲男常藉機親近丙女，引起乙女不滿。甲男與乙女為此爭不休，終告依法協議離婚。試問：甲男與乙女離婚後，可否與丙女結婚？（84書）
5. 民法關於婚約能力（訂婚最低年齡）及結婚能力（適婚年齡）之規定各為如何？違反各該規定時，究可發生何種效力？試分別說明之。（84普）
6. 甲男與乙女未約定夫妻財產制而結婚。結婚時乙女之父丙，以臺灣水泥公司之股票1萬股作為其嫁妝。試問：乙女於婚姻存續中就其股票之嫁妝有無處分權？（86書、執）
7. 夫妻在何種情形下，應採分別財產制？分別財產如何管理？試分別說明之。（81普）
8. 民法第1030-1條關於夫妻聯合財產關係消滅時，剩餘財產分配請求權之規定，對於民法親屬編修正前取得之財產，是否亦有適用，試說明之。（84高）

9. 夫妻離婚時，請求贍養費與請求損害賠償在要件上有何不同？
　（82高）

10.民法第983條有關禁婚親屬之規定，於民國74年6月5日修正一次，又於民國87年6月17日再度修正。試問後者對前者之規定有那些新的修正？該修正之立法意旨是否妥當？（88律師）

11.自我國民法施行以來，民法第1051條與第1055條有關父母離婚時，對其未成年子女之照顧，一直使用「監護」之用語，但自民國85年9月25日修正公布親屬編時，將民法第1055條之「監護」改為「對於未成年子女權利義務之行使或負擔」之用語。請問：民法第1055條之用語如此修正，是否妥當？其理由何在？（88司法官）

12.甲男與乙女結婚半年後因個性不合，遂決定協議離婚，雙方訂立離婚協議書，並經二人簽名證明，惟未申請辦理離婚登記。甲不久又與丙女同居，並生下一女丁，甲即置之不理。問甲、乙之婚姻效力如何？如甲不願認領丁時，丁在法律上得為如何之主張？（87書、執）

13.甲男乙女為夫妻，二人素來感情不睦。某日，甲與其母丙聯手將乙打成遍體鱗傷，乙忍氣吞聲。三年後，甲乙兩願離婚。問：乙於離婚後，是否得對甲、丙請求損害賠償？（87高）

14.甲男之祖父與乙女之祖母為兄妹。甲乙兩人青梅竹馬，情投意合，惟因父母反對，未能結婚。其後，乙女與丙男結婚，但仍不忘甲男之情，而與甲男通姦。丙知悉後，訴請法院判決離婚，於民國87年6月30日判決確定。甲、乙乃於同年7月30日結婚，問：甲乙之結婚是否有效？（87高）

15.臺灣地區人民娶大陸女子為妻，如何辦理結婚登記？該大陸子女婚後如何取得中華民國人民之戶籍？（90公務升）

16.甲乙兩人並未舉行公開儀式，在照了結婚照片之後，找丙丁在結婚證書上簽名，就一同去戶政事務所辦了登記。事後甲反悔了，請求法院確認兩人間無婚姻關係存在，是否有理？（89公務高）

17.甲男乙女係合法夫妻，因個性不合，於協議離婚書簽字並請二位友人

簽名後，乙女後悔拒不至戶政事務所共同辦理離婚登記，問甲男可否訴請法院判命乙女協同辦理？試申論之。（89律師）

18. 甲夫乙妻離婚協議子女由夫扶養，離婚二年後，甲不扶養，乙見狀出面扶養長大。（89公證高普）

　　請問：(1)甲乙離婚時，甲乙婚姻存續中取得之財產，應如何處理？

　　　　　(2)乙可否向甲或子女請求扶養費之返還？

19. 甲男18歲，乙女16歲，二人各得法定代理人的同意後，依法結婚。結婚二個月後，如為下列法律行為時，應否需得法定代理人之同意？（87公務高）

　　(1)甲男訂購預售房屋

　　(2)甲男與乙女辦理兩願離婚

20. 甲女、乙男於84年11月15日結婚，嗣於86年3月10日協議離婚，惟未辦理結婚登記及離婚登記。86年9月4日，甲女與丙男結婚，亦未辦理結婚登記。87年12月25日，甲女與丙男生下丁。88年3月1日，甲女與乙男補辦結婚登記及離婚登記，並簽訂協議書，約定乙男同意丁之監護權歸甲女。由於丁現由丙男監護中，甲女遂持該協議書，訴請丙男交付丁，以利其監護權之行使。請問：甲女之主張有無理由？（88高普中醫檢）

21. 甲男乙女為夫妻，婚後乙生一子A，惟甲經醫師診斷結果，無生殖能力。甲一氣之下，將乙打成重傷。乙訴請離婚，甲亦反訴離婚。問甲乙之請求離婚是否有理由，又A之生父丙是否得認領A？（87特）

22. 甲男乙女為夫妻，二人素來感情不睦。某日，甲與其母丙聯手將乙打成遍體鱗傷，乙忍氣吞聲。三年後，甲乙兩願離婚。問：乙於離婚後，是否得對甲、丙請求損害賠償？（87法制公證高）

23. 甲男之祖父與乙女之祖母為兄妹。甲乙二人青梅竹馬，情投意合，惟因父母反對，未能結婚。其後，乙女與丙男結婚，但仍不忘甲男之情，而與甲男通姦。丙知悉後，訴請法院判決離婚，於民國87年6月30日判決確定。甲、乙乃於同年7月30日結婚，問：甲乙之結婚是否有

效？（87法制公證高）

24.甲男年滿21歲未婚，乙女為甲男之舅母。乙女介紹其未婚年滿20歲之姪女丙與甲男認識。試問：甲男與丙女未舉行公開婚禮而到戶政機關為結婚之登記時，甲男與丙女能否成為夫妻？（85公務高普特）

25.結婚之登記與夫妻財產制之登記有何區別？（85律師檢）

26.甲男乙女為夫妻，某日甲因細故持刀將乙殺傷。乙乃訴請離婚，歷經二年餘，終獲離婚判決確定。試問：乙對甲得請求何種損害賠償？（85公務高普特）

27.甲男與乙女為夫妻。乙女有一兄丙及一妹丁均成年。丙男與戊女亦為夫妻，戊有一叔父己。嗣甲男與乙女性格不合，依法兩願離婚。（85交通升）

　　試問：(1)甲男與丁女可否結婚？

　　　　　(2)乙女與己男可否結婚？

28.甲男之父與乙女之母為養兄妹關係。甲男乙女青梅竹馬，情投意合，成年後，不顧父母之反對，於民國87年中秋節結婚，問其婚姻是否有效？（87公務特）

29.甲男與乙女結婚半年後因個性不合，遂決定協議離婚，雙方訂立離婚協議書，並經二人簽名證明，惟未申請辦理離婚登記。甲不久又與丙女同居，並生下一女丁，甲即置之不理。問甲、乙之婚姻效力如何？如甲不願認領丁時，丁在法律上得如何之主張？（86司法軍法官特）

30.夫妻離婚時對未成年子女權利義務之行使或負擔，未為協議或協議不成時應如何處理？處理之最高指導原則為何？未行使或負擔權利義務之一方，得為何之請求？（86高普中醫檢）

31.父母離婚時，應如何定未成年子女之親權人，試就現行民法之規定說明之？（86關稅金融特）

32.甲男與乙女依法訂婚，訂婚時二人互換飾物。嗣甲男又與丙女訂婚之故，乙女解除婚約。試問：乙女解除婚約後，有何權利對甲男主張？二人互換之飾物應如何處理？（86公務特）

33.某甲為年滿18歲之高中生學生，某乙為年滿17歲之女子，二人相戀，遂於某日私下依法定方式結婚互許終身。（85技術特）

試問：(1)甲、乙婚姻之效力為何？

(2)若乙父丙知悉後大為震怒，欲將之撤銷，不料乙女已懷有身孕，丙得否將其婚姻撤銷？

34.甲男乙女在法院公證結婚，但未辦理結婚登記。數天後，夫妻吵架，決議離婚，乃作成離婚書面，並有二人證人之簽名，但未到戶政機關辦理離婚登記，問其婚姻關係是否存在？（86安全調查特）

35.甲男與乙女於民國76年國慶日，雖依法在眾親友面前舉行公開儀式之婚禮，但因故未能至戶政機關為結婚登記。婚後二人未能生育子女，且性格亦不合，二人同感生活不美滿。試問：甲男與乙女應如何結束夫妻身分關係？（86公務升）

36.甲男乙女原為夫妻，有一未成年之子丙。甲乙離婚時，約定由甲任丙之親權人。丙為一優秀棒球選手，年滿18歲時，擬加入A球隊，惟甲反對。丙乃經由乙之允許而與A球團代表訂立契約，加入該球隊。

（88高）

試問：(1)丙與A所訂立之契約效力如何？

(2)甲乙關於丙之加入球隊一事，意思不一致時，應如何處理？

37.甲男乙女為夫妻，試問下列情形，乙女可否對甲男請求損害賠償：

（87政大法研）

(1)甲男在外與他人通姦，乙女遂與甲男兩願離婚。

(2)甲男因強姦丙女遭法院判刑確定，乙女以此為由（§1056⑩）訴請法院裁判離婚獲准。

(3)甲男搭機出國，不料飛機於臺灣海峽上空失事墜毀，甲男生死不明逾三年，乙女以此為由（§1052⑨）訴請法院裁判離婚獲准，甲男四年後始平安歸來。

(4)甲乙為夫妻，甲夫在外與丙女通姦，乙乃以此事由訴請法院裁判離婚，法院判決乙女勝訴，則乙女對甲男與丙女各得為如何之損害賠

償請求？

38.甲男與乙女為夫妻，育一子丙，年滿5歲。丙子有表演天才，經常在電視上演連續劇，報酬可觀。甲男與乙女以丙子之該報酬為其置產，買A棟房屋出租他人。又丙子於4歲生日時，因其表演優異，從其外公獲贈B棟房屋，亦出租他人。丙6歲時，乙女發現甲男與丁女通姦並生子之事實。乙女一怒之下，訴請法院裁判離婚。法院審理後，乙女勝訴，並判丙子歸乙女監護。試問：甲男與乙女離婚後，丙子A棟房屋之租金歸何人所有？丙子B棟房屋之租金又歸何人所有？（81臺大法研）

39.民法親屬編關於判決離婚之事由，原採列舉主義，請舉五例說明之。嗣於民國74年修正時，增訂概括主義，其內容如何？又實務上如何認定構成離婚之原因？（93軍法官）

40.請依我國民法之規定說明，夫妻應如何分擔家庭生活費用？夫妻對家庭生活費用所生之債務，應負何種責任？（93郵政升）

41.某男18歲與15歲的某女二人情投意合，雙方均認對方為唯一的選擇對象，且立即結婚，依我國民法規定結婚須具備形式要件及實質要件，試說明之，又本件效果如何？（93公務特）

42.甲男與乙女決定結婚，於五星級飯店宴請親友後，因故吵架，次日即協議離婚，結婚與離婚均未向戶政機關辦理登記。甲男離婚後不久認識丙女，未舉行公開儀式即直接至戶政機關辦理結婚登記，並以電腦繕打遺囑，文末蓋章，指定丙單獨繼承遺產。一年後，甲因心肌梗塞死亡，留下年邁雙親悲痛不已。（93公務普）

試問：(1)甲乙結婚、離婚之效力如何？

(2)甲丙結婚之效力如何？

(3)甲之遺產應如何繼承？

43.A有一智障兒甲，已年屆30，A以自己年紀已大恐無後而愧對祖宗，乃赴中國，以30萬元買通乙女（已成年）的父母，經乙女同意攜之來臺，與甲男舉行公開結婚儀式。惟A恐甲之弱智貽害孫輩，乃於甲婚前帶至醫院結紮，A並於甲、乙婚後與乙商議，自己將偶與乙女同居，

乙將來若有生育，其死後遺產之三分之二當由乙繼承，並以之扶養子女，乙表示應允。甲、乙婚後年餘，乙生下一子X，但X出生不久A即病故。乙為A辦妥後事後，及欲依約繼承遺產，最後並將其所繼承之遺產變賣後攜子返回中國，事為A之女兒丙、丁所阻止。（93公務高）

問：(1)本案甲、乙間之婚姻究否有效？X究應為何人之子？

(2)A、乙間關於育子、繼承遺產之約定是否有效？乙欲離甲而去，有理乎？

44.試就民國91年修正後的夫妻「法定財產制」（廢除原有的舊「聯合財產制」），討論新「法定財產制」的特色為何？（92營業升）

45.試問我國民法親屬編關於夫妻冠姓，87年修法前與現行規定為何？（93公務特）

46.甲、乙為夫妻，因個性不合協議離婚，但未向戶政機關辦理離婚登記，乙女即遠赴美國，一年後與一美國人結婚，再過一年後生下一子，試問依我國民法之規定：（92公務升）

(1)乙女前後婚姻之效力為何？

(2)乙女後婚姻關係中所生之子，其法律上之父親如何認定？請說明其相關規定。

47.甲男與芳齡18歲之乙女結婚，婚後不久感情即生裂縫，偶而發生肢體衝突。結婚後一年，在鄉鎮調解委員調解下，甲乙簽署離婚協議書，內容除同意離婚外，雙方並同意所生之子丙，由乙擔任監護人，甲保證離婚後一年內不結婚，否則願意給付乙100萬，調解委員A與B在協議書上簽名。（92律師檢）

試問：(1)甲乙兩人辦妥離婚登記後第二天，乙父丁才知悉甲乙兩人離婚之事，震怒。甲乙協議離婚與監護人之約定是否有效？

(2)若甲離婚後未及一年即再婚，乙對甲是否有權利得以主張？

48.甲於18歲時因病由醫生乙為其切除卵巢，於21歲時認識丙，二人一見鍾情，丙一再強調，其三代單傳，父母求孫心切，甲雖想告知丙其無法生育之事實，但因恐失去此一姻緣，終未說明。二人結婚後兩年，

甲發現丙有外遇，訴請與丙離婚。丙在路上偶然遇到乙，乙無意中透露甲無法生育之事，丙乃訴請撤銷與甲間之婚姻，試析其法律關係？（91律師檢）

49.甲男與乙女結婚，未經登記，生有丙子。十五年後二人不睦，協議離婚，訂立書面，並由丙及另一名證人簽名。甲男認為戶籍上既無夫妻之名，因而堅持不到戶政事務所辦理離婚登記。事後，甲男與丁女再婚，生有戊女。多年後，甲死亡，留有遺產無數；丙與戊不知二人之間的關係而結婚。（92公務特）

問：(1)乙女得否於甲男生前請求甲辦理離婚登記？

(2)甲之遺產由何人繼承？

(3)丙與戊之婚姻效力如何？

50.甲乙為夫妻，結婚多年後協議離婚，並辦理離婚登記。甲於離婚後再與丙結婚。乙以受甲詐欺為理由，依法撤銷其離婚之意思表示。試說明甲與乙間，甲與丙間婚姻之效力，並論述一夫一妻婚姻制度與婚姻自由之關係。（92公務高）

51.甲男與乙女於民國91年7月1日結婚，惟始終未以契約訂立夫妻財產制。婚後未幾甲即營商獲利，乃以自己名義購置A、B二屋，乙則終日操持家務而未置產。詎日前甲暗地與其女友丙租屋同居之外遇事發，經乙追查始知甲已將其所有之A屋贈與丙女，並將B屋賤售予自己之胞兄丁，且均辦理房屋所有權移轉登記完畢在案。問：乙為防護伊將來因與甲離婚而對甲享有之剩餘財產分配請求權，俾其行使不致落空，得對何人行使如何之權利，以資救濟否？試附理由解答之。（92公務特）

52.甲乙雙方結婚，且備公開儀式及兩位證人，唯未向戶政機關登記，問有無結婚效力？丙丁兩願離婚，立有協議離婚證書，並經兩位證人簽名，但未向戶政機關登記，問有無離婚效力？（92公務特）

53.何謂夫妻剩餘財產差額分配請求權，其發生之要件為何？（92高檢）

54.甲男乙女於80年結婚，未約定夫妻財產制，兩人婚後住在臺灣南部某

城市，婚後兩年，兩人情感不和但並未離婚，乙女離家到臺北工作，一年後與丙男同居並生下一子，由乙丙共同照顧，甲在南部則與丁女同居並生下一女庚，由甲供給丁、庚生活費用。86年甲死亡，留下其婚後所賺取的積極財產1,000萬元，及婚後的負債300萬元，甲死時，乙擁有其離家後，工作所得300萬元：（90律師高）

(1)請問甲死亡後其與乙女間的財產關係如何？

(2)甲死亡後誰對其遺產可以主張那些權利？誰可以繼承其財產？

55.民法親屬編關於判決離婚之事由，原採列舉主義，請舉五例說明之。嗣於民國七十四年修正時，增訂概括主義，其內容如何？又實務上如何認定構成離婚之原因？（93軍法官）

56.甲男乙女於民國80年結婚，未約定夫妻財產制，婚前甲有價值五百萬元之房屋一棟，乙則由其父母贈與價值一百萬元之股票為嫁妝。乙於81年生子丙，甲於同年將該房屋贈與乙。嗣甲另結識有夫之婦丁，與其同居生子戊，戊之生活費用均由甲供應。甲於92年死亡，遺有價值二千萬元之財產及四百萬元之債務，乙所有股票多年來獲配價值二百萬元之股息，別無其他財產。（93司法官）

試問：(1)乙得否請求分配剩餘財產？如何分配？

　　　 (2)乙、丙、戊對於甲之遺產（包括債務）有何權利義務？

57.甲男與前妻生下丙女與丁女後，因前妻死亡，而於民國92年元旦與乙女結為夫妻。乙女於結婚前一個月，繼承其兄一棟套房，值480萬元，其中有20萬元的遺產稅，因無現金，由甲男婚後薪資所得代為繳納。甲男結婚時，已有銀行存款60萬元。丙女長大後，與戊男依法結婚。甲男為丙女的出嫁送嫁妝100萬元現金。丙女與戊男於婚後生下A男與B女。丙女唯恐繼母乙女繼承相當多甲男的財產，偽造有利於戊男的遺囑，但於甲男死亡前，為乙女所識破。丁女對乙女懷恨在心，因而重大侮辱乙女，被甲男認為不孝，而表示不得繼承其財產。甲男於婚後第四年死亡，此時其銀行存款從婚前之60萬元累積到960萬元。乙女為家庭主婦，此時其財產為婚前所繼承之值480萬元之套房及由該屋婚後

出租所得之租金80萬元。（96司法官）

　　試問：(1)甲男死亡時，甲男與乙女各有多少財產？

　　　　　(2)甲男所留下的財產，應如何被繼承？

58.甲經商致富，財產估計價值新臺幣（下同）2億元，膝下無子，經甲建議妻乙共同收養甲之友人丙（未婚）所生之子丁，甲將其公司之上市股票，約價值1千萬元贈與丙，以資感謝。收養丁後，乙旋即懷胎，生下一女戊。不久，甲以工作為藉口，經常徹夜不歸，對於乙、丁及戊不聞不問，亦不給予乙家庭生活費。乙只好出外謀生，因必須照顧丁及戊，工作時有時無，薪資約每月2萬元。後乙得知，丙竟然為甲外遇對象，丁為甲親生，甲亦每月給予丙生活費10萬元，至今達二年之久。（97律師）

　　試問：(1)如乙向甲請求家庭生活費用每月10萬元及每月1萬元之自由處分金，甲抗辯事業經營困難，乙所居住之房屋為甲所購買，登記於乙名下，價值2千萬元，且乙有收入，拒絕給付予乙任何費用，有理否？

　　　　　(2)如乙忿而與甲離婚，且拒絕承認乙與丁之收養關係，並向丙追討甲贈與丙之股票及生活費，有理否？

59.因戶政機關駁回甲男乙女結婚登記之申請，甲乃依法提起行政救濟，於行政救濟期間甲赴大陸認識丙女，並於大陸結婚，婚後甲丙返台，至戶政機關辦理結婚登記，戶籍人員告知甲先前之行政救濟為有理由，准許甲乙之結婚登記，因而不受理甲丙結婚登記之申請，此時丙已懷有胎兒A，甲一時怒急攻心而死，留下鉅額債務。試問：甲之繼承人為何人，各繼承人對於遺產債務應負何責任？（97司法官）

60.甲男乙女為夫妻，為某特定目的而通謀虛偽離婚，並辦妥離婚登記。其後，甲竟假戲真做，與不知情之丙女結婚，並依法到戶政機關辦理結婚登記。試問甲男乙女之離婚、甲男丙女之結婚是否有效？

　　（98高考戶政）

61.民法第1030條之1規定法定財產關係消滅時，夫或妻得主張剩餘財產分

配請求權，所謂法定財產關係消滅其原因為何，試說明之？
（98普考戶政）

62.甲男乙女婚後因感情不睦，意欲終止此婚姻關係，依現行親屬編之規定，甲男乙女得採取何種方式，以使婚姻關係消滅？（98普考戶政）

63.甲男乙女離婚後，對於彼等七歲之獨生子A之權利義務約定由甲行使負擔。甲因罹患不治之症，乃以遺囑指定由甲之母親擔任監護人，試問：乙得否主張該遺囑之指定無效？（98普考戶政）

64.何謂民法上的重婚？重婚的效果如何？（98地方特考三等戶政）

65.甲男乙女原為夫妻，經法院判決離婚確定後，甲男復與丙女結婚。其後乙女認原離婚確定判決有瑕疵，請求再審勝訴確定。請問前後婚的關係如何解決？（98地方特考三等戶政）

66.試扼要說明「自由處分金」之意義及性質。（98地方特考四等戶政）

67.我國是否有別居制度？試就所知扼要論述之。
（98地方特考四等戶政）

68.旅居A國之我國僑民甲男，擬接其現住於台北市之未婚妻乙女赴該國定居。由於A國對於未婚女子核發入境簽證手續極為嚴苛，甲男乃委請其摯友丙男代表甲男與乙女在台北市結婚，俾方便乙女以配偶名義取得簽證。請問這種結婚行為是否合法？（98地方特考四等戶政）

69.周魚與林伶婚後兩人感情不睦且爭吵不斷，周魚另結新歡意欲離婚，又不願留任何錢財給林伶，在離婚前周魚將自己婚後所賺的2,000萬元存款贈與給女友余青，並將婚後以自己名義買下的房屋以遠低於市價之價金賣給好友張郎。試問林伶應如何保全自己的權益？
（99普考戶政）

70.法律行為的作成原則上不以踐行一定方式為必要，法定方式的強制則屬例外。但為達成法律政策上保護身分行為的安定與透明，並使當事人慎重其事及維護婚姻制度與男女平等，民法就親屬之身分行為多設有要式性規定，試說明之。（99普考戶政）

71.依我國民法規定，離婚之成立方式有幾？試敘述之

（99地方特考三等戶政）

72.甲男與乙女結婚後，以契約選擇分別財產制為其夫妻財產制。試問：其契約之訂立、變更或廢止，如未經登記者，其效力如何？又，分別財產制是否有剩餘財產差額分配請求權之適用？

（99地方特考四等戶政）

73.何謂調解離婚？我國民法承認調解離婚之理由為何？

（99地方特考四等戶政）

74.試依現行民法之規定詳細說明，結婚之實質要件與結婚之形式要件。

（99三等書記官）

75.甲小開與乙女星於民國99年1月1日結婚，乙之父親丙贈與乙結婚禮金新台幣五百萬元，並表明將來其百年後無須計入總遺產計算。乙婚後演戲所得共計新台幣一千萬元，由於甲流連賭場，乙以其演戲報酬為甲清償賭債新台幣三百萬元，甲、乙二人於民國99年6月30日協議離婚。問甲、乙夫妻財產應如何分配？（99四等書記官）

76.甲夫乙妻育有A子，婚後甲以其名義購買房屋乙棟，甲退休後領月退俸6萬元，此外再無其他財產及收入。原本相安無事之家庭，因成年後之A不顧其母反對與B結婚而產生嫌隙，甲愛子心切乃私自將僅有之房屋贈與A作為完成結婚登記之賀禮，豈料A於蜜月旅行竟發生意外死亡，乙因痛失愛子乃憤而要求與甲離婚。二人依法離婚後，乙始發現房屋已非屬甲所有，若乙與B均未有任何財產。

試問：乙與B得主張何種權利？（99律師）

77.甲中年喪妻，有一女丙，乙中年喪妻，有一女丁。甲與丁於民國97年初辦理公證結婚，但未為結婚登記。乙與丙於民國97年底結婚，依法辦理結婚登記。試問，甲與丁、乙與丙之婚姻是否有效？

（99公證人）

78.甲男乙女為夫妻，甲為對乙操持家務之辛勞表示謝意，將其所有之A屋贈與乙，乙為確保贈與之履行，要求甲辦理公證。惟，公證後之隔日，乙發現甲有外遇，一時失控持刀殺傷甲。試問，甲可否撤銷該贈

與？（99公證人）

79. 乙、丙為姊弟，分別與甲、丁結婚。乙因病不治，丁前往照料乙之子女，致與甲日久生情，丙、丁感情因而不睦。甲希望有朝一日能與丁結婚，重組家庭，試問：若丙、丁離婚，甲、丁結婚之效力如何？若丙、丁未離婚前，丙即因車禍死亡，甲、丁結婚之效力如何？（100關務人員）

80. 甲男與乙女於民國93年結婚，未約定夫妻財產制。近幾年來，甲、乙感情不睦，甲為避免乙知悉其財務狀況，於民國99年12月將其婚後購買之古董一件，無償贈與給其友人丙，贈與當時價值為五百萬元。乙於民國一百年四月知悉上述贈與，非常生氣，思考是否與甲離婚，但仍無法確定心意。甲贈與丙之古董目前貶值為三百萬元。試問對於此古董，乙可主張何種權利？（100高考戶政）

81. 甲（25歲）事業有成，結識甫自大學畢業之乙，兩人交往數年後於民國95年舉行盛大婚禮，宴請賓客百桌，然並未向戶政機關登記。婚後甲以其妝奩5,000萬元資助乙設立公司。乙事業亦相當成功，因而購置價值500萬元之名車及8,000萬元之別墅登記於甲名下。然甲於民國97年結識丙發生婚外情，乙於民國100年發現甲丙姦情後，訴請法院判決離婚。試問：於離婚判決確定前，甲乙二人婚姻之效力如何？甲乙二人於訴請離婚之際，銀行存款甲為3,000萬元、乙為5,000萬元，其夫妻間財產應如何分配？（100普考戶政）

82. 甲、乙為夫妻，婚後乙對丙負有票據債務新臺幣100萬元，乙應以何種財產對丙負清償責任？是否因甲、乙夫妻財產制之不同而有不同之結論？（100地方特考三等戶政）

83. 民法第1030條之1第1項規定，法定財產制關係消滅時，發生夫妻剩餘財產差額分配請求權，如何計算夫妻各自之剩餘財產？甲夫、乙妻相處不睦，甲多次毆打乙成傷，乙訴請判決離婚時，得否於起訴時即合併訴請甲給付剩餘財產，平均分配其差額？（100地方特考四等戶政）

84. 甲男乙女為夫妻，某日甲乙吵架，甲竟將乙打成遍體鱗傷。三年後，

甲乙兩願離婚。離婚後乙立即向甲請求賠償因傷所生之損害。試問乙之請求有無理由？甲可否拒絕賠償？（101高考法制）

85. 甲男因積欠大筆債務，便與其妻乙女商量，通謀假離婚，雙方並於民國100年3月2日辦理離婚登記。不久後，甲男即追求丙女，並出示離婚登記證明，證明其已恢復單身。丙女信賴戶政登記之資料，於民國101年6月5日與甲辦理結婚登記。乙女知道甲男與丙女結婚登記之情事後，向法院提請訴訟，請求確認甲男、丙女間婚姻無效，主張其與甲男之婚姻依舊存在，甲男與丙女係重婚而婚姻無效。試問：乙女之主張是否有理？（101公證人）

86. 甲男乙女為夫妻，乙與甲結婚前有一子丁。甲、乙婚後未約定夫妻財產制。民國99年3月甲以其婚後營業所得購置A屋一棟，價值新臺幣1千萬元。同年4月，甲將該屋贈與丙女，並辦理所有權移轉登記。同年5月，乙發現甲與丙通姦，乃訴請離婚，當時甲尚有婚後營業所得4百萬元。隔年6月，判決確定時，甲之婚後營業所得已增至6百萬元，A屋價值已增至1千2百萬元。乙則無任何財產。試問：甲、乙離婚後，乙對甲、丙有何權利得以行使？若於離婚訴訟繫屬中，乙死亡時，丁可否向甲行使乙之剩餘財產分配請求權？（101地方特考三等戶政）

87. 甲男乙女為夫妻，分居期間甲、乙訂立離婚書面，由甲之父丙為證人簽名其上。隔日再由甲另找其友人丁簽名於離婚書面上。之後甲到乙之住處，兩人偕同到戶政機關辦理離婚登記。試問其離婚是否有效？（101地方特考四等戶政）

88. 甲男與乙女訂立婚約，訂婚時，甲給予乙價值百萬鑽戒乙只。試問：

89. 若甲、乙訂婚後，甲又刊登徵婚啟事，乙知悉後解除婚約，甲可否向乙請求返還該鑽戒？若甲、乙訂婚後，乙因事故死亡，甲可否向乙之繼承人請求返還該鑽戒？（101地方特考四等戶政）

90. 甲、乙夫妻，甲夫有酗酒惡習，常酒後在外滋事，又不務正業，乙妻則沈迷於賭博，經常夜不返家，雙方婚姻有難以繼續維持之重大事由，甲即依民法第1052條第2項規定起訴請求判決離婚，乙亦提起離

婚反訴，經法院調查結果，認為甲夫就該難以維持婚姻事由之有責程度，較乙妻為重，則甲、乙可否主張該條項規定請求離婚？又如法院認雙方有責程度相同者，則有無不同？（101地方特考三等法制）

第三章　父母子女

一、概　說

　　有男女然後有夫妻，有夫妻然後有父母與子女之關係，父母與子女之關係，亦稱親子關係。

　　親子關係，於民法稱為「父母子女關係。」親子關係可分為自然的與擬制的關係。自然的親子關係，又可分為婚生子女與非婚生子女關係。擬制的親子關係，即養父母養子女關係，養子女之地位，與婚生子女同。

二、婚生子女

（一）意　義

　　婚生子女乃由婚姻關係受胎而生之子女（民§1061）。

（二）婚生子女之受胎期間

1.原　則

　　從子女出生日回溯第一百八十一日起至第三百零二日止，為受胎期間（民§1062 I）。能證明受胎回溯在前項第181日以內或第302日以前者，以其期間為受胎期間。又妻之受胎，係在婚姻關係存續中者，推定其所生子女為婚生子女；前項推定，夫妻之一方或子女能證明子女非為婚生子女者，得提起否認之訴；前項否認之訴，夫妻之一方自知悉該子女非為婚生子女，或子女自知悉其非為婚生子女之時起2年內為之。但子女於未成年時知悉者，仍得於成年後2年內為之，民法第1062條、第1063條分別定有明文。（101親34）例如妻於成婚六個月後所生之子，應推定為其夫之子，其夫不得憑空否認（19上750）。

2.例　外

　　「能證明受胎回溯在前項第一百八十一日以內或第三百零二日以前

者，以其期間為受胎期間」（民§1062Ⅱ[1]、德民§1591Ⅰ）。例如妻能證明受胎回溯在第三百零二日以前者，始推定其所生之子女為婚生子女（21上3000）。

（三）婚生子女之推定

「妻之受胎，係在婚姻關係存續中者，推定其所生子女為婚生子女」（民§1063Ⅰ）。亦即依民法第1062條第1項所規定，從子女出生日回溯第一百八十一日起至第三百零二日止，如夫妻間有婚姻關係，推定其所生子女為婚生子女。

（四）婚生子女之否認

大法官釋字第587號謂：「子女獲知其血統來源，確定其真實父子身分關係，攸關子女之人格權，應受憲法保障。民法第1063條規定：「妻之受胎，係在婚姻關係存續中者，推定其所生子女為婚生子女。前項推定，如夫妻之一方能證明妻非自夫受胎者，得提起否認之訴。但應於知悉子女出生之日起，一年內為之。」係為兼顧身分安定及子女利益而設，惟其得提起否認之訴者僅限於夫妻之一方，子女本身則無獨立提起否認之訴之資格，且未顧及子女得獨立提起該否認之訴時應有之合理期間及起算日，是上開規定使子女之訴訟權受到不當限制，而不足以維護其人格權益，在此範圍內與憲法保障人格權及訴訟權之意旨不符。最高法院23年上字第3473號及同院75年臺上字第2071號判例與此意旨不符之部分，應不再援用。有關機關並應適時就得提起否認生父之訴之主體、起訴除斥期間之長短及其起算日等相關規定檢討改進，以符前開憲法意旨。

---

[1] 修正立法理由：

依醫學上之統計及信憑婚姻道德，設有法定受胎期間及婚生推定之規定，鑒於社會環境之變遷，如夫妻結婚前即同居相當時間且於同居期間懷胎後，始補行婚禮；該於婚後不到181日而出生之該子女，依我國民法規定，不能享有婚生推定之利益，不合情理。何況法定受胎期間，與實際受胎期間並不一致，採較寬長之期間，其目的即在於使多數子女能享受到婚生推定之機會，對於婚前由夫受胎後而生子女，實無吝賜婚生推定之理由，爰建議仿德國民法第1591條第1項規定「婚後所生子女如妻在婚前或婚姻期間受胎，而夫在受胎期間與妻同居

　　確定終局裁判所適用之法規或判例，經本院依人民聲請解釋認為與憲法意旨不符時，其受不利確定終局裁判者，得以該解釋為基礎，依法定程序請求救濟，業經本院釋字第177號、第185號解釋闡釋在案。本件聲請人如不能以再審之訴救濟者，應許其於本解釋公布之日起一年內，以法律推定之生父為被告，提起否認生父之訴。其訴訟程序，準用民事訴訟法關於親子關係事件程序中否認子女之訴部分之相關規定，至由法定代理人代為起訴者，應為子女之利益為之。

　　法律不許親生父對受推定為他人之婚生子女提起否認之訴，係為避免因訴訟而破壞他人婚姻之安定、家庭之和諧及影響子女受教養之權益，與憲法尚無牴觸。至於將來立法是否有限度放寬此類訴訟，則屬立法形成之自由。」

　　按否認子女之訴，應以未起訴之夫、妻及子女為被告；前二項情形，應為被告中之一人死亡者，以生存者為被告，應為被告之人均已死亡者，以檢察官為被告，家事事件法第63條第1項及第3項定有規定。（101親128）

　　前項推定，夫妻之一方或子女能證明子女非為婚生子女者，得提起否認之訴（民§1063Ⅱ[2]）。

　　前項否認之訴，夫妻之一方自知悉該子女非為婚生子女，或子女自知悉其非為婚生子女之時起二年內為之。但子女於未成年時知悉者，仍得於成年後二年內為之（同條Ⅲ）。

　　家事事件法第63條：

　　者，為婚生」之立法例，修正本條第2項規定，放寬可由當事人舉證同居或受胎之事實，使該子女享有婚生推定之利益。

[2]　修正立法理由：

　　鑑於現行各國親屬法立法趨勢，已將「未成年子女最佳利益」作為最高指導原則，又聯合國大會於1989年11月20日修正通過之「兒童權利公約」第7條第1項，亦明定兒童有儘可能知道誰是其父母之權利。復參酌德國於1988年修正之民法第1600條，明文規定子女為否認之訴撤銷權人，爰於本條第2項增列子女亦得提起否認之訴。

否認子女之訴，應以未起訴之夫、妻及子女為被告。

子女否認推定生父之訴，以法律推定之生父為被告。

前二項情形，應為被告中之一人死亡者，以生存者為被告；應為被告之人均已死亡者，以檢察官為被告。

家事事件法第64條：

否認子女之訴，夫妻之一方或子女於法定期間內或期間開始前死亡者，繼承權被侵害之人得提起之。

依前項規定起訴者，應自被繼承人死亡時起，於六個月內為之。

夫妻之一方或子女於其提起否認子女之訴後死亡者，繼承權被侵害之人得於知悉原告死亡時起十日內聲明承受訴訟。但於原告死亡後已逾三十日者，不得為之。

（五）視為婚生子女（96年3月21日總統令制定公布人工生殖法 §23、24、25）

1. 人工生殖法第23條[3]

妻於婚姻關係存續中，經夫同意後，與他人捐贈之精子受胎所生子女，視為婚生子女。

前項情形，夫能證明其同意係受詐欺或脅迫者，得於發見被詐欺或被

---

[3] 立法理由：

一、依現行民法規定，妻之受胎係在婚姻關係存續中所生之子女，即受婚生推定，但夫妻之一方能證明非自夫受胎時，得於知悉子女出生後一年內提起婚生否認之訴（民法第1061條、1063條），係採血統真實主義。惟於人工生殖子女情形，可能係由他人捐贈之精子與受術妻之卵子受胎而來，此一方式既為本法所許，有關其人工生殖子女之地位及權益即應有所安排。為兼顧人工生殖子女之利益，並維護婚姻之安定及和諧，爰參考各國立法例，對於精子捐贈之人工生殖子女之身分認定，以實施該人工授精是否經受術夫之同意為婚生子女之判斷依據：如受術夫同意使用第三人捐贈之精子實施人工授精時，依誠信原則及禁反言之法理，所生之子女應視為婚生子女；惟如未經受術夫之同意或該同意係受詐欺或脅迫者，則應予受術夫否認之權利，爰為第1項規定。

二、於受術夫得提起否認之訴之情形，為免法律關係久懸未決，此一權利之行使亦宜有所期限規定，爰於第2項規定否認之訴之提起期限。

脅迫終止後六個月內提起否認之訴。但受詐欺者,自子女出生之日起滿三年,不得為之。

民法第1067條規定,於本條情形不適用之。

2. 人工生殖法第24條[4]

妻於婚姻關係存續中,同意以夫之精子與他人捐贈之卵子受胎所生子女,視為婚生子女。

前項情形,妻能證明其同意係受詐欺或脅迫者,得於發見被詐欺或被脅迫終止後六個月內提起否認之訴。但受詐欺者,自子女出生之日起滿三年,不得為之。

3. 人工生殖法第25條

妻受胎後,如發見有婚姻撤銷、無效之情形,其分娩所生子女,視為受術夫妻之婚生子女。

三、非婚生子女

非婚生子女,俗稱私生子,即非由於婚姻關係受胎而生之子女是也。此種子女,與其母之關係,可由分娩而確定無須認領。

其父為何人,則須經過準正或認領之程序。

(一) 準　正

所謂「準正」,指「非婚生子女,其生父與生母結婚者,視為婚生子女」(民§1064)而言。此之所謂「非婚生子女」,包括父母結婚前所

---

[4] 立法理由:

傳統上卵子與子宮有其不可分離性,故基於「分娩者為母」之原則,凡女性懷孕且分娩子女,即被視為所生子女之母親。惟於人工生殖子女情形,可能係由他人捐贈之卵子與受術夫之精子受胎而來,此一方式將使卵子與子宮分離,惟既為本法所許,有關其人工生殖子女之地位及權益即應有所安排。故於受術妻同意實施此種人工生殖方式之前提下,為保護所生子女及本於誠信原則,其所生之子女,應視為婚生子女。惟此一人工生殖方式既將使卵子與子宮分離,上開民法有關規定,於受術妻之同意係受詐欺或脅迫時,即不得不酌作調整,許其得例外提起否認之訴,爰為第1項規定。

生之子女及結婚前受胎而於結婚一百八十一日以內所生之子女在內。非婚生子女經準正者，毋庸再由生父認領。準正後非婚生子女視為婚生子女，而在法律上取得與婚生子女同一之地位，民法稱之為準婚生子女。按非婚生子女其生父與生母結婚者，視為婚生子女。民法第1064條定有明文。本條規定即學說上所謂「準正」，準正之要件有二，其一須有血統上之父母子女關係，其二須生父與生母結婚。而所謂生父係指與非婚生子女有血統聯繫者而言，故妻所生之非婚生子女如與夫無真實血緣關係（即非自夫受胎所生），縱使夫妻結婚亦無法使該子女成為婚生子女（最高法院83年度臺上字第1117號判決要旨參照）。兩造間既無真實之父子血緣關係，雖被告之生母與原告結婚，揆諸前揭說明，仍無從依民法第1064條規定將被告視為原告之婚生子。（101親170）

（二）認 領

所謂「認領」，係指生父承認非婚生子女為自己之親生子女，而使自己與非婚生子女發生法律上親子關係之謂。認領之性質有主張「意思表示說」，認為認領為單獨行為，生父承認該非婚生子女為自己子女之意思表示，無須被認領人之同意；另有主張「觀念通知說」，認為認領之表示，僅係親子關係事實之確認，為事實之通知。通說採意思表示說，惟此二說，並無區分之實益。

1. 認領之種類

(1)任意認領

生父承認非婚生子女為自己之親生子女（民§1065 I）。「非婚生子女與其生母之關係視為婚生子女，無須認領」（民§1065 II）。

(2)強制認領

非婚生子女或其生母或其他法定代理人，對於應認領而不認領之生父，向法院請求確認生父子女關係之存在（民§1067）。非婚生子女其經生父撫育者，視為認領（民§1065 I）。

家事事件法第66條：

認領之訴，有民法第1076條第2項後段之情形者，得以社會福利主管機關或檢察官為被告。

由子女、生母或其他法定代理人提起之認領之訴，原告於判決確定前死亡者，有權提起同一訴訟之他人，得於知悉原告死亡時起十日內聲明承受訴訟。但於原告死亡後已逾三十日者，不得為之。

前項之訴，被指為生父之被告於判決確定前死亡者，由其繼承人承受訴訟；無繼承人或被告之繼承人於判決確定前均已死亡者，由檢察官續受訴訟。

家事事件法第68條：

未成年子女為當事人之親子關係事件，就血緣關係存否有爭執，法院認有必要時，得依聲請或依職權命當事人或關係人限期接受血型、去氧核醣核酸或其他醫學上之檢驗。但為聲請之當事人應釋明有事實足以懷疑血緣關係存否者，始得為之。

命為前項之檢驗，應依醫學上認可之程序及方法行之，並應注意受檢驗人之身體、健康及名譽。

法院為第1項裁定前，應使當事人或關係人有陳述意見之機會。

2. 認領之否認

非婚生子女或其生母，對於生父之認領，得否認之（民§1066）。

3. 認領之請求（民§1067[5]）

有事實足認其為非婚生子女之生父者，非婚生子女或其生母或其他法

----

[5] 修正立法理由：

一、現行條文第1項規定所設有關強制認領原因之規定，係採取列舉主義，即須具有列舉原因之一者，始有認領請求權存在始得請求認領。惟按諸外國立法例，認領已趨向客觀事實主義，故認領請求，悉任法院發現事實，以判斷有無親子關係之存在，不宜再予期間限制，爰修正本條第1項規定，由法院依事實認定親子關係之存在，並刪除第2項期間限制規定。

二、現行條文第1項有關得請求其生父認領為生父之子女之規定，為避免誤認為有認領請求權存在始得請求認領，故參酌本條修正條文之意旨及民事訴訟法第589條及第596條第1項但書等規定，修正為得向生父提起認領之訴之規定。

定代理人，得向生父提起認領之訴。

前項認領之訴，於生父死亡後，得向生父之繼承人為之。生父無繼承人者，得向社會福利主管機關為之。

4. 認領之效力

(1)非婚生子女經生父認領者，視為婚生子女，其經生父撫育者，視為認領（民§1065 I）。

(2)非婚生子女認領之效力，溯及於出生時。但第三人已得之權利，不因此而受影響（民§1069）。

(3)非婚生子女經認領者，關於未成年子女權益之行使或負擔，準用離婚有關子女監護之規定（民§1069-1）。

(4)生父認領非婚生子女後，不得撤銷其認領。但有事實足認其非生父者，不在此限（民§1070[6]）。

四、養子女

（一）養子女之意義

養子女者被人收養之子女也。民法第1072條規定：「收養他人之子女為子女時，其收養者為養父或養母；被收養者為養子或養女。」

三、有關生父死後強制認領子女之問題，現行法未有規定，爰參酌外國立法例，明列該規定，以保護子女之權益及血統之真實，並配合我國國情及生父之繼承人較能了解及辨別相關書證之真實性，爰增訂生父死亡時，得向生父之繼承人提起認領之訴；無繼承人者，得向社會福利主管機關為之。

又第1068條現行條文以生母之不貞，剝奪非婚生子女請求生父認領之權利，且只強調女性之倫理道德，不但與保護非婚生子女利益之意旨不符，亦違反男女平等原則。為保護非婚生子女之權益及符合男女平等原則，應以科學方法確定生父，故本條無規定必要，爰予刪除。

[6] 修正立法理由：

本條規定「生父認領非婚生子女後，不得撤銷其認領。」但民訴第589條卻有撤銷認領之訴的規定。依民訴規定認為沒有真實血統之認領可訴請撤銷，造成實體法與程序法的規定相互衝突。本條立法目的基於保護非婚生子女及符合自然倫常之關係，對於因認領錯誤或經詐欺、脅迫等意思表示瑕疵之情形，亦不得撤銷其認領。爰增設但書規定，准許有事實足認其非生父時，可撤銷認領；以兼顧血統真實原則及人倫親情之維護。

（二）收養之要件

收養子女原則上須以契約為之，並且須具備：

1. 形式要件

為杜絕販賣嬰兒或假收養真出國等層出不窮之問題，民國74年6月3日民法第1079條修正改採國家監督主義，收養須經法院認可，期使法院對家族關係之監督，能導正收養制度；有關收養之相關規定，雖於民國74年間曾加以修正，惟至今已逾二十年，國內社會型態已有重大變遷，現行收養規定已不符所需，洵有加以檢討修正之必要，茲將民國96年5月4日修正說明如次：

(1)須作成書面：收養應以書面為之[7]（民§1079 I）。

(2)應聲請法院認可：收養子女除有上述之書面外，應聲請法院認可（民§1079 I）；法院為未成年人被收養之認可時，應依養子女最佳利益為之（民§1079-1）。

　有下列情形之一者，法院應不予認可：①收養有無效或得撤銷之原因者；②依民法第1079-1條規定：「法院為未成年人被收養之認可時，應依養子女最佳利益為之」。有事實足認收養於未成年養子女不利者；③被收養者為成年人而有下列各款情形之一者，法院應不予收養之認可：

　　一、意圖以收養免除法定義務。

　　二、依其情形，足認收養於其本生父母不利。

　　三、有其他重大事由，足認違反收養目的（民§1079-2）。

　除形式要件外，家事事件法規定法院為未成年人被收養之認可時，應依養子女最佳利益為之；認可前並得准收養人與未成年人共同生活一定期間以供法院決定之參考；被收養人之父母為未成年人而未結婚者，

---

[7] 修正立法理由：

收養係建立擬制親子關係之制度，為昭慎重，自應以書面為之。惟現今藉收養名義達成其他之目的者，亦時有所聞，為保護被收養者之權益，爰將現行條文第1項但書所定：「但被收養者未滿7歲而無法定代理人時，不在此限」之例外規定，予以刪除。

法院應使其及其法定代理人有陳述意見之機會（家事§§116、118、民§1079-1），法院為審酌子女之最佳利益，得徵詢主管機關或社福機構之意見、請其訪視或調查；裁定前應以適當方式聽取未成年子女意見（家事§119準用§§106、108、民§1083-1準用§1055-1）。

2. 實質要件
(1)收養者方面

收養者之年齡須長於被收養者20歲以上。但夫妻共同收養時，夫妻之一方長於被收養者20歲以上，而他方僅長於被收養者16歲以上，亦得收養（民§1073Ⅰ）。

夫妻之一方收養他方之子女時，應長於被收養者16歲以上（同條Ⅱ[8]）。

夫妻收養子女時，應共同為之。但有下列各款情形之一者，得單獨收養[9]：

一、夫妻之一方收養他方之子女。

二、夫妻之一方不能為意思表示或生死不明已逾三年（民

---

[8] 修正立法理由：

現行條文規定收養者之年齡應長於被收養者20歲以上，其目的固在考量養父母應有成熟之人格、經濟能力等足以擔負為人父母保護教養子女之義務。惟為考慮夫妻共同收養或夫妻之一方收養他方子女時，應有彈性，以符實際需要，爰增訂第1項但書及第2項規定。又參酌我國民法規定結婚最低年齡為16歲，故滿16歲之人始得結婚並有養育子女之能力，且臺灣地區習俗亦係於16歲舉行成年禮，爰規定上開情形夫妻之一方與被收養者之年齡差距至少為16歲，併此敘明。

[9] 按收養應以書面為之，並向法院聲請認可；夫妻收養子女，應共同為之，但有下列各款情形之一者，得單獨收養：（一）夫妻之一方收養他方之子女；（二）夫妻之一方不能為意思表示或生死不明已逾三年。又子女被收養時，應得其父母之同意，但有下列各款情形之一者，不在此限：（一）父母之一方或雙方對子女未盡保護教養義務或有其他顯然不利子女之情事而拒絕同意；（二）父母之一方或雙方事實上不能為意思表示。至被收養者未滿七歲時，應由其法定代理人代為並代受意思表示，被收養者之父母已依前二項規定以法定代理人之身分代為並代受意思表示或為同意時，得免依前條規定為同意。民法第1079條第1項、第1074條、第1076-1條、第1076-2條第1項、第3項分別定有明文。（101司養聲48）

§ 1074[10]）。

(2)被收養者方面

①除夫妻共同收養外，一人不得同時為二人之養子女（民§ 1075）。

②夫妻之一方被收養時，應得他方之同意。但他方不能為意思表示或生死不明已逾三年者，不在此限（民§ 1076）。

③子女被收養時，應得其父母之同意。但有下列各款情形之一者，不在此限：

一、父母之一方或雙方對子女未盡保護教養義務或有其他顯然不利子女之情事而拒絕同意。

二、父母之一方或雙方事實上不能為意思表示。

前項同意應作成書面並經公證。但已向法院聲請收養認可者，得以言詞向法院表示並記明筆錄代之。

第1項之同意，不得附條件或期限（民§ 1076-1[11]）。

----

[10] 修正立法理由：

依現行條文規定，夫妻收養子女時，固應共同為之，以維持家庭之和諧。但在夫妻之一方不能為意思表示或生死不明已逾三年時，影響他方收養子女之權益，亦非公允，宜有例外之規定，爰將現行條文但書改列為但書第1款並增訂第2款例外情形，以符實際需要。另本條序文部分酌作文字修正，以資明確。

[11] 新增立法理由：

一、按收養關係成立後，養子女與本生父母之權利義務於收養關係存續中停止之，影響當事人權益甚鉅，故應經父母之同意，爰參酌德國民法第1747條、瑞士民法第265-1條及奧地利民法第181條增訂第1項規定。又本條所定父母同意係基於父母子女身分關係之本質使然，此與第1076-2條規定有關法定代理人所為代為、代受意思表示或同意，係對於未成年人能力之補充，有所不同。因此，如未成年子女之父母離婚、父母之一方或雙方被停止親權時，法定代理人可能僅為父母之一方或監護人，此時法定代理人將子女出養，因將影響未任法定代理人之父或母與該子女間之權利義務，故仍應經未任未成年子女權利義務之行使或負擔之父母之同意，此即本條之所由設。至成年子女出養時亦應經其父母之同意，自不待言。

二、本條同意雖屬父母固有之權利，但在父母一方或雙方對子女未盡保護教養義務而濫用同意權、或有其他顯然不利子女之情事而拒絕同意、或事實上不能為意思表示之情形時，得例外免除其同意，以保護被收養者之權利，爰明定第1項但書規定。又第1項第2款所定「事實

　　④被收養者未滿七歲時，應由其法定代理人代為並代受意思表示。滿七歲以上之未成年人被收養時，應得其法定代理人之同意。被收養者之父母已依前2項規定以法定代理人之身分代為並代受意思表示或為同意時，得免依前條規定為同意（§1076-2[12]）。

　　⑤下列親屬不得收養為養子女：A.直系血親，B.直系姻親；但夫妻之一方收養他方之子女者，不在此限；C.旁系血親在六親等以內及旁系姻親在五親等以內，輩分不相當者（民§1073-1）。

（三）收養之效力

　　收養關係成立後，養子女與養父母間發生何種法律效果，又養子女與本生父母間之法律關係是否消滅，茲分述如次：

1. 養子女與養父母間

(1)婚生子女身分之取得

　　養子女與養父母及其親屬間之關係，除法律另有規定外，與婚生子女同（民§1077 I）。

上不能」，例如父母不詳、父母死亡、失蹤或無同意能力，不包括停止親權等法律上不能之情形。

[12] 新增立法理由：

一、未成年人被收養時，應由其法定代理人代為、代受意思表示或得其同意，固無疑義，而依現行第1079條第2項及第3項但書規定，如無法定代理人時，則毋須由其法定代理人代為、代受意思表示或得其同意，造成被收養者無法定代理人時，其收養程序過於簡略，對未成年人之保護恐有未周。為保護未成年人之利益，在未成年人無法定代理人之情形，應先依民法親屬編或其他法律之規定定其監護人為法定代理人，以杜弊端，爰刪除第2項及第3項但書規定。

二、本條法定代理人所為、所受意思表示或同意，係對於未成年人能力之補充，因此，未成年人被收養時，除應依前二項規定，由其法定代理人代為、代受意思表示或得其同意外，並應依前條規定經未成年人父母之同意。惟於父母與法定代理人相同時，其父母已依前二項規定以法定代理人之身分代為並代受意思表示或為同意時，自不必行使第1076-1條父母固有之同意權，爰增列第3項規定。

(2)養子女之姓氏

養子女從收養者之姓或維持原來之姓。

夫妻共同收養子女時，於收養登記前，應以書面約定養子女從養父姓、養母姓或維持原來之姓。

第1059條第2項至第5項之規定，於收養之情形準用之（民§1078）。

(3)扶養義務

直系血親相互間互負扶養之義務（民§1114Ⅰ①），故養子女與養父母間互負扶養之義務。

(4)繼承權

養子女與養父母互有繼承權（民§1138Ⅰ①）；與本生父母則無繼承權（21上451）。至代位繼承，養子女亦得行使之（釋70）。

2. 養子女與本生父母間

(1)養子女與本生父母及其親屬間之權利義務，於收養關係存續中停止之。但夫妻之一方收養他方之子女時，他方與其子女之權利義務，不因收養而受影響（民§1077Ⅱ）。例如養子女對本生父母不負扶養義務是（30院2120）。

(2)收養者收養子女後，與養子女之本生父或母結婚時，養子女回復與本生父或母及其親屬間之權利義務。但第三人已取得之權利，不受影響（同條Ⅲ）。

(3)養子女於收養認可時已有直系血親卑親屬者，收養之效力僅及於其未成年且未結婚之直系血親卑親屬。但收養認可前，其已成年或已結婚之直系血親卑親屬表示同意者，不在此限（同條Ⅳ）。前項同意，準用第1076-1條第2項及第3項之規定（同條Ⅴ）。

（四）收養之無效與撤銷

何種收養為無效，何種收養為得撤銷，學說及判例見解紛紜，茲將民國96年5月4日之修正說明如次：

1. 收養之無效（民§1079-4）

(1)違反收養人應長於被收養人20歲以上（民§1073）。

(2)違反近親收養之禁止者（民§1073-1）。蓋因近親及輩分不相當之收養有違我國倫理道德，故為無效。

(3)違反一人不得同時為二人之養子女（民§1075）。至「轉收養」是否許可，通說否定之，蓋因我國過去陋習有所謂買斷養子，由養親轉養於第三人，易造成販賣人口，故依民法第1075條之規定，於轉收養前，應先廢止現存之收養關係，回復其本生親子關係，再由本生父母決定是否轉養於第三人。

(4)違反子女被收養時，應得其父母之同意（民§1076-1）。

(5)違反被收養者未滿7歲時，應由其法定代理人代為並代受意思表示（民§1076-2 I）。

(6)違反收養應以書面為之，並向法院聲請認可（民§1079 I）。

2. 收養之撤銷（民§1079-5）[13]

(1)違反與配偶共同收養之規定者。有配偶者收養子女時，應與其配偶共同為之（民§1074）。

(2)違反有配偶者被收養時，應得配偶之同意之規定者。但他方不能為意思表示或生死不明已逾三年者，不在此限（民§1076）。

(3)違反應得法定代理人之同意之規定者。滿7歲以上之未成年人被收養時，應得法定代理人之同意（民§1076-2 II）。

---

[13] 按收養關係，係以發生親子關係為目的之身分法上契約，以當事人間有收養意思之合致為必要，所謂收養之意思，乃成立親子關係之意思，即創設社會一般觀念上所公認為親子關係之意思，當事人間有設定作為親子之精神上相互依存關係，即可認有收養之意思。此一要件有社會公益及善良風俗維護之考量，縱此一觀念未揭諸於文獻，在現行民法之價值判斷下自要求此一要件之存在為必要（民法第72條參照），是本件仍須審核原告及陳金鍊與被告間是否存有為收養行為之真意。綜上所述，本件被告與原告及陳金鍊間並無成立收養關係之真意存在，原告起訴求為判決確認被告與原告、陳金鍊間之收養關係係無效，即有理由，應予准許。（101親55）

（五）收養之終止

收養關係因收養之終止而完全消滅，收養之終止其方式有二：

1. 合意終止

(1)須養父母與養子女雙方合意終止（民§1080Ⅰ）

　　①（養子女未滿7歲者，其終止收養關係之意思表示，由收養終止後為其法定代理人之人代為之（同條Ⅴ）。

　　②（養子女為滿7歲以上之未成年人者，其終止收養關係，應得收養終止後為其法定代理人之人之同意（同條Ⅵ）。

(2)終止收養須以書面為之。養子女為未成年人者，並應向法院聲請認可。法院依前項規定為認可時，應依養子女最佳利益為之（同條Ⅰ，Ⅱ，Ⅲ）。

　　終止收養應為終止收養之登記（戶§16Ⅱ）。又終止收養登記，以收養人或被收養人為申請人（戶§34）。

(3)夫妻共同收養子女者，其合意終止收養應共同為之。但有下列情形之一者，得單獨終止：

　　一、夫妻之一方不能為意思表示或生死不明已逾三年。

　　二、夫妻之一方於收養後死亡。

　　三、夫妻離婚。

　　夫妻之一方依前項但書規定單獨終止收養者，其效力不及於他方（同條Ⅶ，Ⅷ）。

2. 裁判終止

(1)許可終止（民§1080-1[14]）

養父母死亡後，養子女得聲請法院許可終止收養。

---

[14] 新增立法理由：

在養父母死亡後，現行條文第1080條第5項規定僅限於養子女不能維持生活而無謀生能力時，始得聲請法院許可終止收養，失之過嚴。養父母死亡後，為保護養子女利益，應使其有聲請法院許可終止收養之機會，爰明定於本條第1項。至於單獨收養而收養者死亡後，或夫

　　養子女未滿7歲者，由收養終止後為其法定代理人之人向法院聲請許可。養子女為滿7歲以上之未成年人者，其終止收養之聲請，應得收養終止後為其法定代理人之人之同意。

　　法院認終止收養顯失公平者，得不許可之。

　　家事事件法程序與民法裁判終止收養之對照：

終止收養事件	民法第1080條第2項 （終止，應以書面為之。養子女為未成年者，並應向法院聲請認可。） 民法第1080-1條第1項 （養父母死亡後，養子女得聲請法院許可終止收養。）		
	相關法規		
	收養事件（家事事件法第114條-第119條） 民法第1080條及第1080-1條 非訟事件法第136條		
	認可終止收養聲請人 民法第1080條第2項後段（以收養人及被收養人為聲請人） 許可終止收養聲請人 家事事件法第119條 （第106條及第108條之規定，於收養事件準用之。）		
家事事件丁類事件	第106條　法院為審酌子女之最佳利益，得徵詢主管機關或社會福利機構之意見、請其進行訪視或調查，並提出報告及建議。 法院斟酌前項調查報告為裁判前，應使關係人有陳述意見之機會。但其內容涉及隱私或有不適當之情形者，不在此限。 法院認為必要時，得通知主管機關或社會福利機構相關人員於期日到場陳述意見。 前項情形，法院得採取適當及必要措施，保護主管機關或社會福利機構相關人員之隱私及安全。 第108條　法院就前條事件及其他親子非訟事件為裁定前，應依子女之年齡及識別能力等身心狀況，於法庭內、外，以適當方式，曉諭裁判結果之影響，使其有表達意願或陳述意見之機會；必要時，得請兒童及少年心理或其他專業人士協助。 前項兒童及少年心理或其他專業人士之報酬，準用第17條第3項規定。		
	相關程序		
	民法規定	民法第1080條第3項 民法第1080-1條第4項 民法第1083-1條準用第1055-1條	家事程序	家事事件法第119條 家事事件法第117條第3項

　　妻共同收養時，夫或妻死亡，而生存之一方與養子女已終止收養關係後，養子女亦可適用本項聲請法院許可終止其與已死亡之養父母之收養關係，併予敘明。

(2)判決終止（民§1081、民訴§587）

養父母、養子女之一方，有下列各款情形之一者，法院得依他方、主管機關或利害關係人之請求，宣告終止其收養關係：

①對於他方為虐待或重大侮辱。例如養子無故將其養父母鎖在門內一日（29上2027）；被上訴人為上訴人之養母，上訴人動輒與之爭吵，並惡言相加，肆意辱罵，有背倫常之道是（50臺上88）；被告（原告之養父）傷害原告造成身體有多處之受傷且瘀腫之長度最長達二十二公分，且須醫治二星期，甚或以針刺手指，將原告頭髮剪成凹凸不平，顯有逾越必要範圍，構成濫用親權而有虐待之情事，準此，原告主張被告對其有虐待情事，請求終止收養關係，依前揭法條所示，即屬有據，為有理由，應予准許（85家訴20）。

②遺棄他方。例如被上訴人於收養上訴人為養子時，既以上訴人應與被上訴人同居一家為條件，而上訴人竟不履行諾言，終年在學校服務，雖在假期亦不返家對被上訴人為必要之扶助保養（33上5296）。

③因故意犯罪，受二年有期徒刑以上之刑之裁判確定而未受緩刑宣告。舊條文第3款規定，經審酌過失犯之非難性低，以及受緩刑宣告者尚不致因罪刑之執行而影響收養關係之生活照顧義務，爰修正限縮第3款所定要件範圍。又養子女被處二年以上之徒刑時，為終止收養之原因，有學者認為此規定較偏重養親之利益，況且養親對養子女本負有管教之責，不得以終止收養卸責。

④有其他重大事由難以維持收養關係。例如嗣子意圖使嗣父受刑事處分而為虛偽之告訴，經檢察官為不起訴處分後復聲請再議（28上843）；養子吸食鴉片煙（31上1369）；養父母對於所收養之未成年女子，乘其年輕識淺誘使暗操淫業是（48臺上1669）。又司法院大法官會議釋字第58號解釋：「查民法第1080條，終止收養關係須雙方同意，並應以書面為之者，原係以昭鄭重。如養女既經養親主持與其婚生子正式結婚，則收養關係人之雙方同意變更身分，已具同條第1項終止收養關係之實質要件。

縱其養親未踐行同條第2項之形式要件,旋即死亡,以致踐行該項程式陷於不能,則該養女之一方,自得依同法第1081條第6款,聲請法院為終止收養關係之裁定,以資救濟。」

⑤養子女為未成年人者,法院宣告終止收養關係時,應依養子女最佳利益為之(同條Ⅱ)。又法院為裁判應審酌之事由,準用第1055-1條之規定(民§1083-1)。

家事事件法對於請求宣告終止收養關係事件,依家事事件法第3條第5項第13款規定,係屬戊類家事非訟事件,自應由本院依家事非訟程序,適用同法第97條準用非訟事件法之規定終結之(適用家事事件法)。(101台抗962)

3. 終止之效力

收養終止時,因收養所擬制之一切親屬關係及相互間之權利義務消滅。

(1)養子女與養父母間

①身分上之效力:收養關係一經終止,在身分上與養家即不再有親屬關係,但直系血親及直系姻親結婚禁止之限制,在收養關係終止後仍適用之(民§983)。

②財產上之效力:因收養關係終止而生活陷於困難者,得請求他方給與相當之金額。但其請求顯失公平者,得減輕或免除之(民§1082)。

(2)養子女與本生父母間

養子女自收養關係終止時起,回復其本姓,並回復其與本生父母之關係(釋28)。但第三人已取得之權利不因此而受影響(民§1083)。

4. 家事事件法對於宣告終止收養關係之程序

(1)終止收養關係事件,係請求法院為有無法定事由之認定,予以向後終止當事人間之收養關係,性質與離婚事件類同,惟該事件涉及養父母、子女間之親子關係,公益性較高,是仍列為戊類事件,將該訴訟事件非訟化。惟其性質仍屬當事人得處分之事件,仍適用協同主義

（家事§10Ⅱ）、得為訴訟上和解（家事§45Ⅰ）、得為捨棄認諾（家事§46Ⅰ）、適用失權效之規定（家事§47Ⅳ）。

(2)養子女為未成年人者，法院宣告終止收養關係時，應依養子女最佳利益為之（民§1081Ⅱ）。

(3)數宣告終止收養事件，應合併審理（審理細則§121Ⅰ）。

(4)認可終止收養、許可終止收養及宣告終止收養事件，法院應依本法第77條之規定，通知收養終止後為養子女法定代理人之人等人參與程序。該法定代理人有配偶或子女者，並應通知之。但通知顯有困難者，不在此限（審理細則§122）。

（六）終止收養無效、撤銷事由

1. 無效事由

終止收養，違反第1080條第2項、第5項或第1081-1條第2項規定者，無效（民§1080-2）。亦即合意終止收養未以書面為之、養子女為未成年人未經法院認可終止、養子女未滿七歲，其合意終止或聲請法院許可終止收養未經由終止收養後為其法定代理人之人代為、代受意思表示或聲請者，均屬無效之規定。

2. 撤銷事由

(1)終止收養，違反第1080條第7項之規定者，終止收養者之配偶得請求法院撤銷之。但自知悉其事實之日起，已逾六個月，或自法院認可之日起已逾一年者，不得請求撤銷。

(2)終止收養，違反第1080條第6項或第1080-1條第3項之規定者，終止收養後被收養者之法定代理人得請求法院撤銷之。但自知悉其事實之日起，已逾六個月，或自法院許可之日起已逾一年者，不得請求撤銷（民§1080-3）。

五、親子關係之效力

父母對於未成年子女之權利義務關係即為親權，可分為身分上之權利義務與財產上之權利義務兩種。

（一）子女方面

1. 子女之姓氏

(1)婚生子女

父母於子女出生登記前，應以書面約定子女從父姓或母姓。未約定或約定不成者，於戶政事務所抽籤決定之。

子女經出生登記後，於未成年前，得由父母以書面約定變更為父姓或母姓。

子女已成年者，經父母之書面同意得變更為父姓或母姓。

前二項之變更，各以一次為限。

有下列各款情形之一，法院得依父母之一方或子女之請求，為子女之利益，宣告變更子女之姓氏為父姓或母姓：

一、父母離婚者。

二、父母之一方或雙方死亡者。

三、父母之一方或雙方生死不明滿三年者。

四、父母之一方顯有未盡保護或教養義務之情事者（民§1059）[15]。

---

[15] 聯合國於1989年11月20日修正通過之兒童權利公約第7條第1項前段規定：「兒童於出生後應立即被登記，兒童出生時就應有取得姓名及國籍之權利。」現行條文第1項僅規定子女姓氏應由父母約定，對於未約定或約定不成時，究應如何處理，並無明文。查97年5月28日修正公布施行之戶籍法第49條第1項前段規定「出生登記當事人之姓氏，依相關法律規定未能確定時，婚生子女，由申請人於戶政事務所抽籤決定依父姓或母姓登記」，惟子女姓氏之決定方式屬實體事項，仍宜於民法規定，爰於現行條文第1項增訂未約定或約定不成之處理方式。

請求法院宣告變更子女姓氏，必須符合第5項規定各款情形之一，方得為之，如父母之一方對子女有性侵害或家暴等，對子女之身心發展及人格養成，均有不利影響，於此情形，該父母顯有未盡保護或教養義務之情事，惟依現行規定，上開情形並不得請求法院宣告變更姓氏，誠有不足，爰參酌本法第1084條第2項規定「父母對於未成年之子女，有保護及教養之權利義務。」之意旨，將現行條文第5項第4款規定之「扶養義務」修正為「保護或教養義務」。又修正後之「顯有未盡保護或教養義務之情事」，旨在使法院審酌具體個案事實之情節輕重、期間長短等情形，以決定是否裁判變更姓氏，故亦包含現行同項第四款規定之「曾有或現有未盡扶養義務」情形，併此指明。

(2)非婚生子女

非婚生子女從母姓。經生父認領者，適用前條第二項至第四項之規定。

非婚生子女經生父認領，而有下列各款情形之一，法院得依父母之一方或子女之請求，為子女之利益，宣告變更子女之姓氏為父姓或母姓：

一、父母之一方或雙方死亡者。

二、父母之一方或雙方生死不明滿三年者。

三、子女之姓氏與任權利義務行使或負擔之父或母不一致者。

四、父母之一方顯有未盡保護或教養義務之情事者（民§1059-1）[16]。

2. 子女之住所（民§1060）

未成年之子女，以其父母之住所為住所（民§1060）。本條規定究與民法第1001條規定夫妻互負同居之義務迥不相同，而民事訴訟法亦無所謂父母請求子女同居之訴，是子女如因故離去父母之住所時，為父母者，雖非不得依其他途徑使其返回住所，惟其提起請求子女同居之訴，要難謂為有據（52臺上3346）。

3. 子女應孝敬父母（民§1084Ⅰ）

此項規定為民國74年所增訂，增訂理由係在強調儒家之孝道，立法院

---

[16] 查非婚生子女經認領後，可能從父姓或母姓，而現行條文第2項第3款規定，以生母任權利義務之行使或負擔作為聲請法院宣告變更子女姓氏之事由，惟生父任權利義務之行使或負擔時，卻不得以之作為聲請法院宣告變更姓氏之事由，有違男女平等原則，爰將第2項第3款規定修正為「子女之姓氏與任權利義務行使或負擔之父或母不一致者」。

請求法院宣告變更非婚生子女姓氏，必須符合第2項規定各款情形之一，方得為之，如父母之一方對子女有性侵害或家暴等，對子女之身心發展及人格養成，均有不利影響，於此情形，該父母顯有未盡保護或教養或義務之情事，惟依現行規定，上開情形並不得請求法院宣告變更姓氏，誠有不足，爰參酌本法第1084條第2項規定「父母對於未成年之子女，有保護及教養之權利義務。」之意旨，將現行條文第2項第4款規定之「扶養義務」修正為「保護或教養義務」。又修正後之「顯有未盡保護或教養義務之情事」，旨在使法院審酌具體個案事實之情節輕重、期間長短等情形，以決定是否裁判變更姓氏，故亦包含現行同項第4款規定之「曾有或現有未盡扶養義務」情形，併此指明。

審查會說明：「我國唐律以禮教為中心，而禮教中心在孝，則立法教孝，具有復興禮教，肯定傳統倫理規範之象徵意義。」是違反本項規定，並無法強制執行，僅具訓示性作用而已。

（二）父母方面

1. 保護及教養之權利義務

「父母對於未成年之子女，有保護及教養之權利義務」（民§1084Ⅱ）。父母此項權利，乃因身分關係所生而與義務併存，不可分離，含有禁止拋棄之性質，自不得拋棄（20上1941、28上18、38臺上171）。上訴人於收養某甲為養女後，任其同居人虐待至於遍體鱗傷，難謂已盡其保護之責任（50臺上103）；民法第1084條與第1114條第1款所定不同，雖有工作能力而不能期待其工作，或因社會經濟情形失業，雖已盡相當之能事，仍不能覓得職業者，亦非無受扶養之權利，故成年之在學學生，未必即喪失其受扶養之權利（56臺上795）；夫妻之一方，對於未成年子女之監護權，不因離婚而喪失，任監護權之一方死亡時，當然由他方監護，不得以遺囑委託第三人行使監護職務（民§1093、62臺上1398）。

按家事事件法第104條第1項第1款、第113條及非訟事件法第122條之相關規定如下：

(1)事件性質：就未成年子女親權應如何行使之酌定、改定、變更事項，係為達成照顧、增進子女之利益、福祉為其公益上之目的，並需由法院預測、展望子女之未來，衡量相關具體情事，為充足其健全養育所需條件而形成，除無明確要件事實可供法院依憑，有賴法院依職權為裁量，以形成、創設具體妥當之判斷內容外，其程序標的亦不容當事人任意處分，故性質上多屬職權事件。

(2)事項內容：法院酌定、改定或變更父母對於未成年子女權利義務之行使或負擔時，得命交付子女、容忍自行帶回子女、未行使或負擔權利義務之一方與未成年子女會面交往之方式及期間、給付扶養費、交付身分證明文件或其他財物，或命為相當之處分，並得訂定必要事項

（家事§107 I 、民§§1055IV、V、1116-2）；父母就該事件得協議之事項內容達成合意，而其合意符合子女最佳利益時，法院應將合意內容記載於和解筆錄（家事§110）。

(3)情事變更：就扶養費之給付所為之確定裁判或成立之和解，如其內容尚未實現而因情事變更顯失公平者，法院得依聲請變更原確定內容（家事§107 II 準用§102）。

(4)程序監理人之選任：有關未成年子女權利義務之行使或負擔事件，未成年子女雖非當事人，法院為未成年子女之最佳利益，於必要時，亦得依父母、未成年子女、主管機關、社會福利機構或其他利害關係人之聲請或依職權為未成年子女選任程序監理人（家事§109）。

2. 懲戒權

「父母得於必要範圍內，懲戒其子女」（民§1085）。惟不得逾越必要範圍，若傷害其子女之身體或危害其生命時，即屬親權之濫用（民§1090），甚或構成刑法傷害罪（刑§277）、剝奪他人行動自由罪（刑§302）、強制罪（刑§304）、恐嚇危害安全罪（刑§305），應負刑事責任。受害人若為未成年子女，亦得依家庭暴力防治法（民國96年3月28日修正公布施行）聲請保護令禁止施暴之父、母實施家庭暴力或遷出被害人之住所或遠離被害人之住居所、學校、工作場所（家暴§10 I 、§14 I ①③④）。

3. 法定代理權

為保護子女利益，「父母為其未成年子女之法定代理人」。父母之行為與未成年子女之利益相反，依法不得代理時，法院得依父母、未成年子女、主管機關、社會福利機構或其他利害關係人之聲請或依職權，為子女選任特別代理人（民§1086[17]）。子既成年，除有其他法律上之理由外，

---

[17] 修正立法理由：

　一、按父母之行為與未成年子女之利益相反，依法不得代理時，應如何解決，現行民法未設規定，導致實務上見解分歧，爭議不斷，爰參考日本民法第826條第1項立法例，增訂本條第

即應由子自行管理，其母無復主張代為管理之餘地（18上657）；上訴人為被上訴人之法定代理人，雖上訴人因出外求學，將被上訴人之扶養事項委託被上訴人之本生父母暫為料理，乙仍不能因此而為被上訴人之法定代理人（28上346）；母於父死亡後招贅他人為夫時，其為未成年子女法定代理人之資格，並不因此喪失（28上1698）；民法第1086條所稱之母，自不包含繼母在內（32上5532）。又甲尚未成年，乙係甲之母，乙以其自己及甲共有之房屋讓與於上訴人，自難謂尚須得甲之同意（32上3716）。

4. 子女財產之管理使用收益處分權

「未成年子女因繼承、贈與或其他無償取得之財產，為其特有財產」（民§1087）。關於子孫自以勞力或其他法律關係所得私財，非已奉歸於父母者，自可認為子孫所私有（19上67）。「未成年子女之特有財產，由父母共同管理」（民§1088Ⅰ）。為補助財產之管理及保護教養之費用，並減輕父母之負擔，「父母對於未成年子女之特有財產，有使用、收益之權。但非為子女之利益，不得處分之」（民§1088Ⅱ）。何謂「為子女之利益」，法無明文規定，例如父或母處分其與未成年子女共同繼承之遺產，係因清理維持未成年子女生活所負之債務是（51臺上2108）；反之，苟無足以認定有為未成年子女利益之特別情事，自為法所不許（42臺上126）。

5. 權利義務之行使及負擔

「對於未成年子女之權利義務，除法律另有規定外，由父母共同行使或負擔之。父母之一方不能行使權利時，由他方行使之，父母不能共同負

2項規定，以杜爭議。

二、本條第2項所定「依法不得代理」係採廣義，包括民法第106條禁止自己代理或雙方代理之情形，以及其他一切因利益衝突，法律上禁止代理之情形。又所定「主管機關」，或為社會福利主管機關、戶政機關、地政機關或其他機關，應依該利益相反事件所涉業務機關而定，如遺產分割登記時，地政機關為主管機關。

擔義務時，由有能力者負擔之。」父母對於未成年子女重大事項權利之行使意思不一致時，得請求法院依子女之最佳利益酌定之。法院為裁判前，應聽取未成年子女、主管機關或社會福利機構之意見（民§1089）。為貫徹憲法男女平等之思想（憲§7、增修§10⑥），民國85年時，修正民法第1089條，對於未成年子女之權利義務，「由父母共同行使或負擔之」（釋365）。而所謂父母之一方不能行使對於未成年子女之權利，兼指法律上不能（例如受停止親權之宣告）及事實上之不能（例如在監受長期徒刑之執行、精神錯亂、重病、生死不明等）而言。

至於行使有困難（例如自己上班工作無暇管教，子女尚幼須僱請傭人照顧等），則非所謂不能行使（62臺上415）。

父母不繼續共同生活達六個月以上時，關於未成年子女權利義務之行使或負擔，準用第1055條、第1055-1條及第1055-2條之規定。但父母有不能同居之正當理由或法律另有規定者，不在此限（§1089-1[18]）。

6. 權利濫用之糾正及停止

父母之一方濫用其對於子女之權利時，法院得依他方、未成年子女、主管機關、社會福利機構或其他利害關係人之請求或依職權，為子女之利益，宣告停止其權利之全部或一部（民§1090[19]、釋171）。所謂「濫

---

[18] 新增立法理由：

父母未離婚又不繼續共同生活已達一定期間以上者，其對於未成年子女權利義務之行使或負擔，現行法則未有規定。為維護子女之最佳利益，爰以父母不繼續共同生活達一定期間之客觀事實，並參酌離婚效果之相關規定，增訂關於未成年子女權利義務之行使或負擔，準用離婚效果之相關規定。惟如父母有不能同居之正當理由或法律另有規定，例如父母已由法院依家庭暴力防治法第13條第2項第3款命遷出住居所而未能同居、或依同條項第6款定暫時親權行使或負擔之人，或依本法或兒童及少年福利法第48條等規定停止親權一部或全部者等，自不得再依本條準用第1055條、第1055-1條及第1055-2條之規定，爰於本條但書將上開情形予以排除。

[19] 修正立法理由：

為維護子女之權益，於父母之一方濫用其對於子女之權利時（例如積極的施以虐待或消極的不盡其為父母之義務等），參酌本法第1055條第1項規定，明定父母之另一方、未成年子女、主管機關、社會福利機構或其他利害關係人均得向法院請求宣告停止其權利之全部或一部。

用」，指行使權利逾越正常之範圍或不盡其應盡之義務，致不合子女之利益而言。例如利用懲戒權虐待子女或聽任子女流浪街頭等是。

案例一

　　向生父請求支付扶養費而打官司的小慈，最近又夜宿法院，再度引起媒體的報導。小慈認為她應享有與生父其他子女相同的待遇，而非一般平均生活水準計算。其生父是有名公司的董事長，財力雄厚。請問我國對於有關子女扶養費給付作何規定？

解　析

　　依我國民法第1084條第2項規定：「父母對於未成年子女有保護及教養之權利義務。」第1114條第1款規定：「直系血親相互間互負扶養義務。」故未成年子女依法可向父母請求扶養費。實務上，常見之子女扶養費計算標準：

1.行政院主計處逐年編印之家庭收支調查報告。

2.臺北市政府主計處逐年調查之家庭收支概況調查結果。

3.綜合所得稅扶養親屬寬減額（一個月6,000元）。

4.家庭生活費用之收據（實際支出之金額）。

5.帳冊（以前支付家庭生活費用之數額）。

6.父母對未成年子女扶養義務，是否應「平均」分擔？依據民法第1115條第3項規定：「負扶養義務者有數人，而其親等同一時，應各依其經濟能力，分擔義務。」民法第1119條規定：「扶養之程度，應按受扶養者之需要，與負扶養義務者之經濟能力及身分定之。」因此，原則上父母對未成年子女之扶養義務是以平均方式來解決的。

7.小慈能否請求一次給付全部子女扶養費？

　　依非訟事件法第127條第2項規定：「前項扶養費之給付，法院得依聲請或依職權，命為一次給付或分期給付。分期給付遲誤一期履行

而法院處理具體家事事件時，如認有必要，亦得依職權宣告，以保護未成年子女之利益。

者，其後之期間視為亦已到期。」故小慈是否能請求扶養費一次全部給付，端視法官之判決是否許可。

案例二

甲男乙女為夫妻，甲男為一小學教師，收入有限，婚後與甲男之父丙同住，丙年老中風，行動不便，除此之外，甲男尚有就讀國中之妹妹丁與之同住，甲男乙女育有一子A，年僅一歲，請問甲男收入不足負擔家中所有人口之生計時，應如何定其扶養順序？

解　析

依民法第1116條第1項規定：「受扶養權利者有數人，而負扶養義務者之經濟能力，不足扶養其全體時，依左列順序，定其受扶養之人：一、直系血親尊親屬。二、直系血親卑親屬。三、家屬。四、兄弟姐妹。五、家長。六、夫妻之父母。七、子婦、女婿。」又依民法第1116-1條規定：「夫妻互負扶養之義務，其負扶養義務之順序與直系血親卑親屬同，其受扶養權利之順序與直系血親尊親屬同。」

綜上所述，第一扶養順位為乙與丙，第二扶養順位為A，第三扶養順位為丁。

案例三

甲年16歲，課餘時打工，二年來共賺新臺幣5萬元，計畫以此為畢業後出國旅行之費用。甲父A以反對甲出國旅遊而要求甲交出5萬元由其管理，問A依法是否有權要求甲交出該5萬元？

解　析

實務見解：子孫以勞力或其他法律關係所得，非已奉歸父母者，自可認為子孫所得（19上67）。

依論理解釋：繼承及無償取得之財產，未成年子女尚能保有所有權，則勞力或其他有償取得之財產，更應屬於未成年子女。本題實

例，甲年16歲，係未成年人，其打工以勞力所賺5萬元，係一般財產而非特有財產，依實務見解，所有權歸甲。

案例四

甲女有一兄乙。乙男被戊女招贅後，未加冠妻姓，仍保留其本姓。後甲女丙男，二人相戀而依法結婚。結婚一年後，甲女與丙男生下C子，問甲女與丙男可否約定C子從甲女之姓？

解 析

依民國99年修改後之民法第1059條規定：父母於子女出生登記前，應以書面約定子女從父姓或母姓。未約定或約定不成者，於戶政事務所抽籤決定之。

子女經出生登記後，於未成年前，得由父母以書面約定變更為父姓或母姓。

子女已成年者，得變更為父姓或母姓。

前二項之變更，各以一次為限。

有下列各款情形之一，法院得依父母之一方或子女之請求，為子女之利益，宣告變更子女之姓氏為父姓或母姓：

一、父母離婚者。

二、父母之一方或雙方死亡者。

三、父母之一方或雙方生死不明滿三年者。

四、父母之一方顯有未盡保護或教養義務之情事者。

歷屆高普考特考試題

1. 試述親權之內容。（48高補）
2. 受胎期間在婚姻關係中所生之子女與婚姻關係前所生之子女在法律上

有何差異？（85高檢）

3. 甲男與乙女為夫妻，乙女因失蹤多年，由甲男向法院聲請乙女死亡宣告，並經法院判決確定死亡之日。嗣甲男認識丙女後，始知悉乙女尚健在。但甲男因不願與乙女破鏡重圓，故與丙女依民法第982條第2項為結婚之戶籍登記，但未舉行公開婚禮。乙女見甲男之再婚，自認無法與甲男維持夫妻關係，乃與丁男舉行公開之婚禮，而未為結婚之戶籍登記。一年後，甲男與丙女生一子A，丁男與乙女生一子B。（82司法官）

　　試問：(1)子A如何確定其身分？

　　　　　(2)子B如何確定其身分？

4. 試述收養之實質要件。（76普）

5. 試述收養之形式要件。（76普）

6. 依民法規定，法院於何種情形下，應不予以認可收養？（87土代）

7. 依民法規定，法院於何種情形下，應不予以認可收養？（87土代）

8. A女擬與B結婚，因A無兄弟，其父母希望A女不冠B姓，並希望所生子女從A姓，是否可行？應如何處理？（78書）

9. 甲男與乙女結婚半年後因個性不合，遂決定協議離婚，雙方訂立離婚協議書，並經二人簽名證明，惟未申請辦理離婚登記。甲不久又與丙女同居，並生下一女丁，甲即置之不理。問甲、乙之婚姻效力如何？如甲不願認領丁時，丁在法律上得為如何之主張？（87書、執）

10. 甲女有一兄乙、弟丙。乙男與丁女依法結婚後，生A子與B女，丙男被戊女招贅後，未加冠妻姓，仍保留其本姓，嗣後乙男遇車禍死亡。甲女隨後認識己男，二人相戀而依法結婚，結婚一年後，甲女與己男生下C子，試問：甲女與己男可否約定C子從甲女之姓？（85司法官）

11. 法院就原本應無效之收養契約誤為認可後，該認可產生如何之效力？應如何救濟？（78司法官）

12. 依我國民法規定，「收養」與「認領」二者有何不同？（90公務升）

13. 甲男與乙女為夫妻，育A與B二子。乙女有一姊丙與丁男結婚五年仍未

生育。丁男之父母急欲丁男有傳後之人。為此丙女與丁男商得甲男與乙女之同意，依法收B子為養子，並得法院之認可。一年後，A子因病死亡，甲男與乙女唯恐無後，欲終止收養關係，令B子歸宗，但丙女與丁男不同意。又二年後，丙女與丁男在一次旅遊中，不幸同時罹難。試問：甲男與乙女在丙女與丁男雙亡後，欲B子歸宗有無可能？（87警特）

14. 甲欲收養乙為養子，試說明其收養之要件為何？（89公務升）

15. 非婚生子女，應具備何種要件，始與其生父發生法律上之父子女關係？試論述之。（87法制財稅特）

16. 何謂認領？何謂收養？何謂監護？依照戶籍法之規定，上開三種登記各以何人為申請人？（90公務升）

17. 依我國民法之規定，「非婚生子女」在何種情形下「視為婚生子女」？又非婚生子女經其生父撫育者，究係「視為婚生子女」？抑或「視為認領」？請併同釋明。（89公務高普）

18. 近年來，屢見兒童受虐之新聞，請問依現行民法及相關特別法，有何等保護措施之規定？（89書執特）

19. 甲男有一年滿15歲之女兒乙，乙為未婚媽媽，有一歲之A子。丙男與丁女夫妻欲收養A時，應與何人訂立書面的收養契約，始能受法院之認可？（87營業升）

20. 生父或生母可否收養自己之非婚生子女，試就我國民法規定說明之。（87律師）

21. 甲乙結婚多年無子女，乃共同收養六歲之丙女為養女。不久，甲乙協議離婚，乙女再嫁富翁丁，丙隨乙與丁共同居住。（85律師檢）
    (1)設丙女之父母，對於丙女被甲乙收養意見不一致時，應如何決定？
    (2)丙女如經甲乙收養，其收養關係是否因甲乙離婚而消滅？
    (3)甲乙兩願離婚，其要件為何？
    (4)設丁收養丙，應否准許？

22. 甲女未婚而與乙男同居後，生一子丙。丙於五歲時，由乙男認領。此

時由何人行使對丙子之權利義務？（85律師檢）

23.收養之要件為何？試說明之。（86高普中醫檢）

24.何謂受胎期間？其在親屬法上發生何種效果？（86交通特）

25.民眾擬收養子女時，應注意何事？試簡述之。（86公務升）

26.受胎期間在婚姻關係中所生之子女與婚姻關係前所生之子女在法律上有何差異？（85高中醫檢）

27.何謂婚生子女與準婚生子女？準婚生子女之種類如何？試分別說明之？（93關務特）

28.何謂收養？親屬間在何關係下不得收養為養子女？（92公務普）

29.收養與認領之意義有何不同？民法關於收養終止之方法有何規定？民法關於認領之撤銷有何規定？試分別說明。（92公務考）

30.A為甲男乙女之非婚生子女。嗣甲與丙女結婚，並認領A，問A之親權行使及義務，由何人行之？親權如有濫用，由何人糾正之？（91律師高）

31.何謂婚生子女與準婚生子女？準婚生子女之種類如何？試分別說明之。（93關務人員）

32.甲男乙女為夫妻，育有四歲兒子丙，因個性不合協議離婚，雙方約定就對丙之權利行使義務負擔由乙妻任之，並特別約定對丙之保護教養費用（扶養費），悉由乙負擔。之後，乙失業無力支付丙之各項費用，要求甲分擔，甲竟藉此擅自將就讀幼稚園之丙帶走藏匿，乙因過於思念丙，精神受到嚴重打擊，痛苦萬分。（93律師）

　試問：(1)乙得否向甲請求交還丙，法律依據為何？

　　　　(2)乙得否向甲請求精神上損害賠償，法律依據為何？

　　　　(3)甲應否負擔丙之保護教養費用（扶養費）？

33.甲男乙女婚前同居，乙生一子A。婚後，乙又生一子B。惟甲金屋藏嬌而與丙通姦，丙於一年後生一子C，甲認領之。某日，甲之母丁告知甲，A、B、C三子之生父另有其人。經檢驗結果，證實A、B、C與甲均無血緣關係。甲乃對乙訴請法院判決離婚。惟於判決確定前，甲因

事故死亡。試問甲之遺產應由何人繼承？（94律師）

34.甲女與乙、丙、丁三男相交而致懷孕。甲以丙家富有且丙父係為知名人士，乃強調其係由丙受孕，而強使丙與自己結婚。惟婚後丙見甲所生之女X與自己長像迥異，懷疑並非自己所生。甲丙婚後第二年，丙與戊女相愛且生下一子Y，丙雖甚喜愛，且定期供給其生活所需，但又不敢正面認領。Y生下兩年半後，X經DNA比對，證實非丙所出，反而係乙所生，丙主張自己係被甲女所詐欺始行結婚，自己本無與甲結婚之本意，而訴請結婚無效，並提出否認X之訴，而戊亦請求丙應認領Y。問本案，丙與戊之請求是否依法有據？（94公證人）

35.甲男有非婚生子A，甲收養之。乙女未結婚但生有一子B，B之生父為丙男。甲與乙同居因而欲收養B，但因甲、B年齡相差19歲，無法獲法院認可，乃認領B，並辦妥認領登記。其後，甲與乙結婚。A被甲扶養成年後，時與甲發生爭執，雙方乃協議終止收養關係。甲乙婚後，感情不睦，某日，乙教唆丙傷害甲，丙竟失手致甲死亡。（95司法官）

　　試問：(1)A得否繼承甲之遺產？

　　　　　(2)B得否繼承甲之遺產？

　　　　　(3)乙得否繼承甲之遺產？

36.甲男乙女結婚，產一子丙。丙三歲時，有丁男提出證據，主張丙為丁與乙所生。問丁可否提起「確認父子關係之訴」？甲可否對乙丙提起「否認婚生子女之訴」？丙成年後可否對甲提起「否認生父之訴」？（94高考法制）

37.甲女於與乙男婚姻關係存續中離家出走，與丙男同居並生子丁、戊二人。其後甲乙離婚，甲丙結婚，甲、丙期使丁、戊認祖歸宗，惟甲、乙得提起否認子女之訴除斥期間均已經過，茲由丁、戊提起確認丁、戊與丙間親子關係存在之訴，有無理由？（95公證人）

38.甲夫乙妻因卡債纏身無力清償而連袂自殺，留下龐大債務，其八歲之子A與五歲之子B，無力生活，暫時由熱心鄰居輪流照顧，半年後，鄰居漸感吃不消，由於A、B除甲之繼母丙以外並無其他親屬，丙雖於

甲、乙出殯時曾來關心，並知悉甲、乙之卡債問題，但因丙已改嫁他人，未明確表示是否照顧A、B。此時發卡銀行又寄來存證信函，要求身為繼承人之A、B清償債務，鄰居乃商議請丙收養A、B二人，並協助處理拋棄繼承問題。（95高考法制）

試問：(1)丙能否收養A、B？

(2)A、B能否拋棄對甲與乙之繼承權？

39.甲乙夫妻，甲夫因詐欺罪被判刑5年，服刑期間乙與富商丙通姦生一子A，丙則定期提供生活費直至甲服刑期滿出獄，當時A已滿3歲。出獄後甲或乙各可否訴請法院判決離婚？又3年後如甲乙經協議而離婚，對於甲A間之親子關係，甲、丙各可否提起否認之訴？另子A可否對甲提起否認之訴而對丙提起認領之訴？（97公證人）

40.甲收養乙為養子後，乙結婚生一子丙。其後甲與乙合意終止收養關係，並約定丙繼續留在甲家。試問甲死亡後，丙可否繼承甲之遺產？（97司法事務官）

41.婚之甲男瞞著其妻乙女而與丙女發生婚外情產下A子，甲為顧及顏面，乃徵得乙同意以甲、乙為父母向戶政事務所申請A之出生登記，事後乙女心有不甘，乃向戶政事務所主張該登記為虛偽登記，試問：甲與A子之父子關係是否仍然有效？（98普考戶政）

42.何謂「認領」？何謂「受婚生推定之子女」？甲（夫）乙（妻）於八十五年結婚，並未生育子女。甲自九十四年起與丙（女）同居並按月給付丙生活費，九十六年六月間，甲丙生一子A後，甲與丙、A繼續同居且由甲負擔生活費用。九十五年間，乙與丁（男）合意性交，並於九十六年七月生一女B。試問A為何者的婚生子女？丁得否認領B女？（98高考法制）

43.甲男與乙女結婚多年，膝下猶虛。某日甲出海捕魚，遭遇颱風，下落不明。其後乙女與鄰人丙男相戀，生下一女丁。迨丁兩歲時，甲男歸來。請問丁女是何人之婚生子女？（98地方特考四等戶政）

44.何謂婚生否認？何謂認領否認？二者有何異同？又婚姻之撤銷與一般

法律行為之撤銷，其效力是否相同？試分別說明之。（98公證人）

45.何謂親權？我國民法就親權內容所設規定為何？試說明之。
　　（99普考戶政）

46.甲男乙女於1998年2月10日結婚，3年後甲赴中國大陸經營事業，不久
　　與大陸女子丙同居，而於2003年11月8日生一女A；乙在臺灣獲知其
　　事，非常生氣，丁男乘機而入，兩人遂發生性關係，而於2005年5月20
　　日生一男B。試問：A在法律上為何人之子女？B在法律上為何人之子
　　女？（99地方特考三等戶政）

47.陳台生收養林大華為養子，收養後林大華應如何稱姓？又，王進德與
　　何怡君為夫妻，共同收養李金花為養女，收養後李金花應如何稱姓？
　　（99地方特考四等戶政）

48.丙自幼被甲、乙夫妻共同收養，甲、乙離婚後，乙取得丙之監護權。
　　丙成年，與丁結婚後，欲與甲終止收養關係，但遭丁反對。試問甲、
　　丙得否自行單獨終止收養關係？其終止收養之效力如何？
　　（100高考戶政）

49.甲男（70歲）與乙女（65歲）為夫妻，二人結婚多年未有己出。甲之
　　妹丙女與丈夫丁男育有二子：戊男與己男。戊今年48歲，與妻子育有
　　二子，分別為A子（24歲，未婚）與B子（16歲，未婚）。甲與乙認
　　為戊為人誠實可靠，對長輩非常敬重且有情義，表示希望收養戊為養
　　子，戊也表示同意。試問：如甲乙與戊之間要成立收養關係，應考量
　　那些法律規定？（100普考戶政）

50.甲與乙為男女朋友，在未結婚的情形下發生性行為，乙於懷胎十月後
　　分娩產下一子A。試問：生父甲應如何為之，才能讓A子可以認祖歸
　　宗，具備民法上婚生子女的法律地位？（100普考戶政）

51.甲未婚生一子A，因無力扶養，乃代理A與乙訂立收養契約，經法院認
　　可後，乙又以A之法定代理人之身分，代理A與丙、丁夫妻訂立收養契
　　約。試問：法院應否認可丙、丁之收養？（100高考法制）

52.甲收養A為養子後，與乙結婚。某日，乙與A發生爭吵，甲與乙竟聯手

將A打傷。三年後，A成年時，以甲與乙為共同被告，請求三年前被打傷之損害賠償。試問：A之請求是否有理由？（100三等書記官）

53.甲男與乙女於80年5月20日結婚，婚姻關係中先後生下丙、丁。94年6月6日甲病故，遺有現金及土地等遺產，同年9月30日乙、丙、丁將繼承關係處理完畢。98年12月25日乙整理甲遺留之書信文件時，赫然發現甲生前以電腦打字列印並親手簽名之遺囑一件，製作日期為94年4月4日，內容除有「請愛妻成全本人婚外所生之子戊（90年10月10日生）認祖歸宗」等語外，並有請求乙原諒之文字表示。乙於傷心之餘，雖依遺囑指示於12月26日以電話知會戊及戊之生母，卻對彼等表示：乙、丙、丁均認甲之遺囑未具法定方式，因此無法完成甲認領戊之遺願，戊仍係甲婚外所生子女，自無繼承人之資格；況且甲之遺產早經分割處分，已無膽餘可供戊繼承。請問戊可為如何主張？（100律師）

54.甲男、乙女同居1年後，乙生子A，乙知A與甲並無血緣關係，甲受乙之詐欺，至戶政事務所辦理認領A之登記；3年後，甲自檢驗中發現其與A並無親子血緣關係，不願與A保持親子關係，於法有無方法可得主張？（100地方特考三等戶政）

55.關於婚生子女，我民法有兩種之推定，一為受胎期間之推定，二為婚生子女之推定，其內容為何？甲男、乙女同居後，乙生子丙，甲有何方法與其非婚生子女丙發生法律上親子關係？
（100地方特考四等戶政）

56.血親及姻親之種類有幾種？甲夫、乙妻婚後有子女A、B，嗣甲於民國99年10月1日為丙男所收養，經法院裁定認可確定，收養發生效力時，A已成年，B年6歲。試問：乙、A、B與丙有無親屬關係？
（100地方特考四等戶政）

57.甲男、乙女於民國（下同）76年5月5日結婚，約定採用分別財產制。77年4月4日乙女生下丙男，77年6月6日甲於東北角海域潛水失蹤。當年8月某日乙女赴廟宇許願，歸途偶遇其婚前戀人A男，舊情復燃，並於78年7月15日生下B女，戶籍登記為A男之女，並由其照護撫養。98

年8月8日甲安然返家，得悉乙女未能守志，氣憤異常，除與乙女分居外，並聲稱B女依法為其婚生子女，B始知其尚有法律上之父。今年4月5日甲、A狹路相逢，復為B女身分之事，由口角進而互毆，卻同遭醉漢駕車撞死。按甲生前曾將其名下之房屋一幢（當時價值新臺幣1800萬元）贈與丙男，以答謝其照拂乙女。甲身後僅有銀行存款150萬元，所幸並無負債。由於A未婚，除B女外，別無其他子女，故其遺產500萬元已由其寡母單獨繼承完畢。試問乙、丙、B對於甲、A之財產，可以為如何之主張？（101司法官）

58. 甲男乙女為夫妻，丙為甲之兄，A為丙之子。丁為乙之兄，B為丁之女。甲、乙共同收養A，是否可行？A與B結婚是否可行？
　　（101地方特考三等戶政）

59. 甲男乙女為夫妻，乙之伯父丙擬收養甲男為養子，經乙女與甲之父母之同意並經公證後，甲、丙訂定書面，向法院聲請認可，試問：法院就甲、丙之收養是否認可？（101地方特考四等戶政）

60. 乙女未婚與丙男發生性行為生一子丁，其後又懷胎兩個月。經人介紹與知情的甲男結婚。婚後，甲認領丁，七個月後乙又生下一子戊。不久，甲、乙離婚，乙與丙男結婚。試問：甲與丁、戊在法律上為何種關係？（12分）丙與丁、戊在法律上為何種關係？
　　（101地方特考四等戶政）

61. 甲男與乙女於民國90年間結婚，二人婚後育有一子A，並共同收養B女。97年間，甲與丙女發生婚外情並產下C女。甲因擔心乙女知情，並未就C女辦理認領登記，但持續提供C女之生活費。101年7月間之某日，甲因車禍死亡，留有遺產新臺幣300萬元。請問：何人得繼承甲之遺產？各繼承人得繼承之遺產數額為何？（102三等關務人員）

第四章　監　護

第一節　未成年人之監護

　　監護者，法律規定對於未成年人及成年受監護宣告之人，以保護管理其身體及財產為目的，使一定之人任監督保護職務之制度。親權，民法第1084條第2項所定係以保護及教養之權利義務為其本質，為概括之規定，亦即無論身分上或財產上之權利義務均為實現未成年子女保護與教養之具體內容，故親權之內容與範圍均較監護為廣。監護之機關有二，一為監護執行機關，即監護人是也；一為監護監督機關，即法院是也。監護因受監護人之不同，可分未成年人之監護與成年人之監護，茲分述如次：

一、監護人之設置

　　未成年人無父母，或父母均不能行使、負擔對於其未成年子女之權利義務時，應置監護人；但未成年人已結婚者，不在此限（民§1091、德民§1773）。監護祇有未成年人之監護與成年人之監護兩種，若已成年而又未受監護宣告之人，自不得為之置監護人。（21上2143）；夫死亡後再婚，與其子女之關係本不因此消滅，如其對於未成年子女之權利義務並無不能行使、負擔之情事，自不應為其未成年子女置監護人（22上1123、23抗1711）。「但未成年人已結婚者，不在此限」，依民法第13條第3項規定，未成年人已結婚者，有行為能力，故無須再設監護人。

二、監護人之種類

（一）指定監護人

　　最後行使、負擔對於未成年子女之權利、義務之父或母，得以遺囑指定監護人（民§1093Ⅰ）。前項遺囑指定之監護人，應於知悉其為監護人後十五日內，將姓名、住所報告法院；其遺囑未指定會同開具財產清冊

之人者，並應申請當地直轄市、縣（市）政府指派人員會同開具財產清冊（同條Ⅱ）。於前項期限內，監護人未向法院報告者，視為拒絕就職（同條Ⅲ）。

（二）法定監護人

父母均不能行使負擔對於未成年子女之權利義務或父母死亡而無遺囑指定監護人時，或遺囑指定之監護人拒絕就職時，依下列順序定其監護人：舊民法第1094條規定，以伯父、叔父為法定監護人，姑母、舅父、姨母不與焉，有違男女平等原則；未由法院介入監護人之選任，不足以充分保護子女利益，民國88年12月30日立法院三讀通過修正，並於民國97年5月23日再做修正如次：

父母均不能行使、負擔對於未成年子女之權利義務，或父母死亡而無遺囑指定監護人，或遺囑指定之監護人拒絕就職時，依下列順序定其監護人：1.與未成年人同居之祖父母。2.與未成年人同居之兄姊。3.不與未成年人同居之祖父母（民§1094Ⅰ）。前項監護人，應於知悉其為監護人後十五日內，將姓名、住所報告法院，並應申請當地直轄市、縣（市）政府指派人員會同開具財產清冊（同條Ⅱ）。未能依第一項之順序定其監護人時，法院得依未成年子女、四親等內之親屬、檢察官、主管機關或其他利害關係人之聲請，為未成年子女之最佳利益，就其三親等內旁系血親尊親屬、主管機關、社會福利機構或其他適當之人選定為監護人，並得指定監護之方法（同條Ⅲ）。法院依前項選定監護人或依第1106條及第1106-1條另行選定或改定監護人時，應同時指定會同開具財產清冊之人（同條Ⅳ）。未成年人無第1項之監護人，於法院依第3項為其選定確定前，由當地社會福利主管機關為其監護人（同條Ⅴ）。

民法第1094條第1項第1款、第3款所稱之「祖父母」，不僅指父之父母而言，母之父母亦包含在內，蓋因民法認父系與母系之直系血親尊親屬有同一之地位（27上69、28上1179）。

（三）委託監護人

　　父母對於未成年之子女，得因特定事項，於一定期限內，以書面委託他人行使監護之職務（民§1092）。委託他人行使其對未成年子女之監護職務者，得隨時撤回之（28上1718）；父母委託他人行使監護之職務，並不可對未成年子女之行為免責，委託監護人乃由於父母之委託，而行使負擔父母對於子女之權利義務，非由父母受讓親權或監護權，從而父母於委託他人為監護人後，其親權或監護權並不喪失，自不得推卸其仍為未成年子女之法定代理人義務（59臺抗734裁定）。同時父母委託他人代行監護職務，該他人不可管理、處分受委託監護子女之特有財產。委任他人行使監護之職務，僅限於對子女之監護，至於子女特有財產之管理或處分，仍適用民法第1088條之規定（58臺上1495判決）。

三、法院選定、改定監護人時應審酌之事項（民§1094-1）

　　法院選定或改定監護人時，應依受監護人之最佳利益，審酌一切情狀，尤應注意下列事項：

　　一、受監護人之年齡、性別、意願、健康情形及人格發展需要。

　　二、監護人之年齡、職業、品行、意願、態度、健康情形、經濟能力、生活狀況及有無犯罪前科紀錄。

　　三、監護人與受監護人間或受監護人與其他共同生活之人間之情感及利害關係。

　　四、法人為監護人時，其事業之種類與內容，法人及其代表人與受監護人之利害關係。

　　法院為聲請監護宣告、就監護宣告聲請為輔助宣告、另行選定或改定監護人時，得徵詢主管機關或社福機構之意見，請其訪視或調查並提出報告及建議；涉及未成年子女時，應聽取其意見；法院於該裁定內得命交付子女、定親權行使方式或為相當之處分（家事§176Ⅰ準用§§106～108、民§1111Ⅱ）。法院為監護宣告之裁定，應同時依職權就配偶、四親等內之親屬、最近一年有同居事實之其他親屬、主管機關、社會福利機

構或其他適當之人選定一人或數人中選定監護人及指定會同開具財產清冊之人，並附理由及對之為送達；於裁定送達或當庭告知選定之監護人時發生效力，法院並應將該裁定要旨公告，另應依職權囑託戶政機關登記（家事§§168、169、民§§1111、1112-2）。

四、監護人之資格

監護既為保護未成年人及受監護宣告之人而設，故監護人須具有能力，始能勝任。民法第1096條規定：有下列情形之一者，不得為監護人：

一、未成年。
二、受監護或輔助宣告尚未撤銷。
三、受破產宣告尚未復權。
四、失蹤。

外國立法例對於監護人尚有消極資格之限制，例如褫奪公權人、破產人不得為之（德民§1781、§1782、§1784）。

按家事事件法之規定，有上述情形不得為監護人者，法院應依職權選任適當監護人，其主要監護人死亡、經法院許可辭任、未成年、受監護、輔助、破產宣告尚未撤銷及復權或失蹤者，法院得依聲請或依職權另行選定適當之監護人、屬職權事件（民§1106 I）監護人滿七十歲、因身心障礙或疾病不能執行監護、住居所與法院或監護人所在地隔離不便執行監護或其他重大事由，得聲請法院為辭任；法院得徵詢主管機關或社福機構之意見、請其訪視或調查，並聽取未成年子女之意見（家事§122）。另外法院為未成年人選定、另行選定或改定監護人時，得徵詢主管機關或社福機構之意見、請其訪視或調查；涉及未成年子女時，應聽取其意見，並得於裁定內命交付子女、定親權行使方式或為相當之處分；另應斟酌得即時調查之一切證據、徵詢被選任人之意見（家事§180 I 準用§§106～108、111 I、II）。

五、監護人之職務

(一)保護教養

除另有規定外,監護人於保護、增進受監護人利益之範圍內,行使、負擔父母對於未成年子女之權利義務。但由父母暫時委託者,以所委託之職務為限(民§1097Ⅰ)。監護人有數人,對於受監護人重大事項權利之行使意思不一致時,得聲請法院依受監護人之最佳利益,酌定由其中一監護人行使之(同條Ⅱ)。法院為前項裁判前,應聽取受監護人、主管機關或社會福利機構之意見(同條Ⅲ)。

(二)法定代理人

監護人於監護權限內,為受監護人之法定代理人(民§1098Ⅰ)。監護人之行為與受監護人之利益相反或依法不得代理時,法院得因監護人、受監護人、主管機關、社會福利機構或其他利害關係人之聲請或依職權,為受監護人選任特別代理人(同條Ⅱ)。關於身分行為之同意及代理,原則上以法律有明文規定為限(民§974、§981、§1067)。

(三)管理財產

受監護人之財產,由監護人管理(民§1103Ⅰ)。茲分述之:

1.注意程度

監護人應以善良管理人之注意,執行監護職務(民§1100)。亦即監護人應負善良管理人之注意義務。監護人於執行監護職務時,因故意或過失,致生損害於受監護人者,應負賠償之責(民§1109Ⅰ)。

2.管理費用

執行監護職務之必要費用,由受監護人之財產負擔(民§1103Ⅰ)。

3.開具財產清冊

監護開始時,監護人對於受監護人之財產,應依規定會同遺囑指定、當地直轄市、縣(市)政府指派或法院指定之人,於二個月內開具財產清

冊，並陳報法院（民§1099 I）。前項期間，法院得依監護人之聲請，於必要時延長之（同條 II）。又為保護受監護人之財產權益，於第1099條之財產清冊開具完成並陳報法院前，監護人對於受監護人之財產，僅得為管理上必要之行為（民§1099-1）。民法上之監護係採社會公益之義務制，監護人對受監護人之財產無使用、收益權，此與民法第1088條之規定不同；又依民法第1107條監護終止時辦理財產之清算與移交，為確保受監護人之財產，自有開具財產清冊之必要。

4. 財產之使用或處分

監護人對於受監護人之財產，非為受監護人之利益，不得使用、代為或同意處分（民§1101 I）。監護人為下列行為，非經法院許可，不生效力：

一、代理受監護人購置或處分不動產。

二、代理受監護人，就供其居住之建築物或其基地出租、供他人使用或終止租賃（同條 II）。

監護人不得以受監護人之財產為投資。但購買公債、國庫券、中央銀行儲蓄券、金融債券、可轉讓定期存單、金融機構承兌匯票或保證商業本票，不在此限（同條 III）。

5. 受讓財產之禁止

「監護人不得受讓受監護人之財產」（民§1102）。受讓不論有償或無償皆屬之。違反本條規定之受讓財產，可依民法第106條規定處理。

6. 財產狀況之報告

法院於必要時，得命監護人提出監護事務之報告、財產清冊或結算書，檢查監護事務或受監護人之財產狀況（民§1103 II）。

7. 財產之結算

監護人變更時，原監護人應即將受監護人之財產移交於新監護人（民§1107 I）。受監護之原因消滅時，原監護人應即將受監護人之財產交還於受監護人；如受監護人死亡時，交還於其繼承人（同條 II）。監護人死

亡時，前條移交及結算，由其繼承人為之；其無繼承人或繼承人有無不明者，由新監護人逕行辦理結算，連同依第1099條規定開具之財產清冊陳報法院（民§1108）。

8. 損害之賠償

監護人於執行監護職務時，因故意或過失，致生損害於受監護人者，應負賠償之責（民§1109 I）。

前項賠償請求權，自監護關係消滅之日起，五年間不行使而消滅；如有新監護人者，其期間自新監護人就職之日起算（同條 II）。

六、監護人之報酬

監護人得請求報酬，其數額由法院按其勞力及受監護人之資力酌定之（民§1104）。

七、監護關係之終止

（一）終止之原因

1. 監護人之另行選定

監護人有下列情形之一，且受監護人無第1094條第1項之監護人者，法院得依受監護人、第1094條第3項聲請權人之聲請或依職權，另行選定適當之監護人：

(1)死　亡

監護人死亡，監護關係當然終止。至於受監護人死亡或成年或已結婚，監護關係亦當然終止。

(2)經法院許可辭任

監護人有正當理由，經法院許可者，得辭任其職務（民§1095）。

(3)有第1096條各款情形之一者

2. 監護人之改定

有事實足認為監護人不符受監護人之最佳利益，或有顯不適任之情事者，法院得依前條第1項聲請權人之聲請，改定適當之監護人，不受第

1094條第1項規定之限制（民§1106-1 I）。法院於改定監護人確定前，得先行宣告停止原監護人之監護權，並由當地社會福利主管機關為其監護人（同條 II）。

（二）終止之效果

監護人變更時，原監護人應即將受監護人之財產移交於新監護人（民§1107 I）。

受監護之原因消滅時，原監護人應即將受監護人之財產交還於受監護人；如受監護人死亡時，交還於其繼承人（同條 II）。前二項情形，原監護人應於監護關係終止時起二個月內，為受監護人財產之結算，作成結算書，送交新監護人、受監護人或其繼承人（同條 III）。

新監護人、受監護人或其繼承人對於前項結算書未為承認前，原監護人不得免其責任（同條 IV）。監護人死亡時，前條移交及結算，由其繼承人為之；其無繼承人或繼承人有無不明者，由新監護人逕行辦理結算，連同依第1099條規定開具之財產清冊陳報法院（民§1108）。監護人於執行監護職務時，因故意或過失，致生損害於受監護人者，應負賠償之責（民§1109 I）。

前項賠償請求權，自監護關係消滅之日起，五年間不行使而消滅；如有新監護人者，其期間自新監護人就職之日起算（同條 II）。

八、囑託登記

法院於選定監護人、許可監護人辭任及另行選定或改定監護人時，應依職權囑託該管戶政機關登記[1]（民§1109-1）。

九、未成年人適用成年人監護之規定

未成年人依第14條受監護之宣告者，適用本章第二節成年人監護之規

---

[1] 依戶籍法第18條、第23條之規定，監護，應為監護之登記；戶籍登記事項有變更時，應為變更之登記。為使監護登記之資料完整，保護交易安全，爰增訂法院就有關監護事件，應依職權囑託該管戶政機關登記。

定（民§1109-2）[2]。

第二節　成年人之監護及輔助

一、成年人之監護宣告

（一）監護人之設置

對於因精神障礙或其他心智缺陷，致不能為意思表示或受意思表示，或不能辨識其意思表示之效果者，法院得因本人、配偶、四親等內之親屬、最近一年有同居事實之其他親屬、檢察官、主管機關或社會福利機構之聲請，為監護之宣告（民§14Ⅰ）。民法第1110條規定：「受監護宣告之人應置監護人。」受監護宣告之人之監護，需護養療治其身體（民§1112），此與未成年人之監護不同。

（二）監護人之選定

法院為監護之宣告時，應依職權就配偶、四親等內之親屬、最近一年有同居事實之其他親屬、主管機關、社會福利機構或其他適當之人選定一人或數人為監護人，並同時指定會同開具財產清冊之人（民§1111Ⅰ）。

法院為前項選定及指定前，得命主管機關或社會福利機構進行訪視，提出調查報告及建議。監護之聲請人或利害關係人亦得提出相關資料或證據，供法院斟酌（民同條Ⅱ）。

（三）法院為選定監護人時應注意之事項

法院選定監護人時，應依受監護宣告之人之最佳利益，優先考量受監護宣告之人之意見，審酌一切情狀，並注意下列事項：

一、受監護宣告之人之身心狀態與生活及財產狀況。

----

[2] 本條所稱「依第14條受監護之宣告」，係指與本修正條文同步修正之民法總則編部分條文修正草案第14條之監護宣告而言。按未成年人亦有可能受監護宣告，於受監護宣告時，即應適用本章第二節成年人監護之規定，爰增訂本條，以資明確。

二、受監護宣告之人與其配偶、子女或其他共同生活之人間之情感狀況。

三、監護人之職業、經歷、意見及其與受監護宣告之人之利害關係。

四、法人為監護人時,其事業之種類與內容,法人及其代表人與受監護宣告之人之利害關係(民§1111-1)。

又監護人須為受監護人管理事務,允宜委由與受監護人無任何利益衝突者任之,故照護受監護宣告之人之法人或機構及其代表人、負責人,或與該法人或機構有僱傭、委任或其他類似關係之人,不得為該受監護宣告之人之監護人(民§1111-2)。

(四)監護人之職務

監護人於執行有關受監護人之生活、護養療治及財產管理之職務時,應尊重受監護人之意思,並考量其身心狀態與生活狀況(民§1112)[3]。

法院選定數人為監護人時,得依職權指定其共同或分別執行職務之範圍(民§1112-1Ⅰ)。法院得因監護人、受監護人、第14條第1項聲請權人之聲請,撤銷或變更前項之指定(同條Ⅱ)。

(五)職權囑託登記

法院為監護之宣告、撤銷監護之宣告、選定監護人、許可監護人辭任及另行選定或改定監護人時,應依職權囑託該管戶政機關登記(民§1112-2)。

---

[3] 現行條文第1項僅就護養療治受監護人身體而為規定,範圍過狹;且何謂「受監護人之利益」亦欠明確。為貫徹尊重本人意思之立法意旨,爰修正為「監護人於執行有關受監護人之生活、護養療治及財產管理之職務時,應尊重受監護人之意思,並考量其身心狀態與生活狀況。」又本項所稱「受監護人之意思」,包括監護人選定前,受監護人所表明之意思在內,乃屬當然。

按精神衛生法第三章第二節已就嚴重精神病患強制就醫程序設有詳細規定,故現行條文第2項有關「監護人如將受監護人送入精神病醫院或監禁於私宅,應得親屬會議之同意」部分,已無庸規定,逕行適用精神衛生法已足,且僅依親屬會議之同意即剝奪受監護人之自由,有忽視其基本人權之嫌,爰將現行條文第2項刪除。

（六）未成年人監護規定之準用

成年人之監護，除本節有規定者外，準用關於未成年人監護之規定（民§1113）。

二、輔助宣告

（一）輔助宣告之意義

對於因精神障礙或其他心智缺陷，致其為意思表示或受意思表示，或辨識其意思表示效果之能力，顯有不足者，法院得因本人、配偶、四親等內之親屬、最近一年有同居事實之其他親屬、檢察官、主管機關或社會福利機構之聲請，為輔助之宣告（民§15-1）。

（二）輔助宣告之原因

1. 因本人、配偶、四親等內之親屬、最近一年有同居事實之其他親屬、檢察官、主管機關或社會福利機構之聲請（民§15-1Ⅰ）。

2. 法院對於監護之聲請，認為未達第1項之程度者，得依第15條之1第1項規定，為輔助之宣告（民§14Ⅲ）。

3. 受監護之原因消滅，而仍有輔助之必要者，法院得依第15條之1第1項規定，變更為輔助之宣告（同條Ⅳ）。

（三）輔助宣告之撤銷、變更

受輔助之原因消滅時，法院應依前項聲請權人之聲請，撤銷其宣告（民§15-1Ⅱ）。

受輔助宣告之人有受監護之必要者，法院得依第14條第1項規定，變更為監護之宣告（同條Ⅲ）。

（四）輔助宣告之效力[4]

1. 受輔助宣告之人除經輔助人同意外，不得為不動產或其他重要財產之處分行為

受輔助宣告之人為下列行為時，應經輔助人同意。但純獲法律上利益，或依其年齡及身分、日常生活所必需者，不在此限：

一、為獨資、合夥營業或為法人之負責人。

二、為消費借貸、消費寄託、保證、贈與或信託。

三、為訴訟行為。

四、為和解、調解、調處或簽訂仲裁契約。

五、為不動產、船舶、航空器、汽車或其他重要財產之處分、設定負擔、買賣、租賃或借貸。

六、為遺產分割、遺贈、拋棄繼承權或其他相關權利。

七、法院依前條聲請權人或輔助人之聲請，所指定之其他行為（民§15-2 I）。

第78條至第83條規定，於未依前項規定得輔助人同意之情形，準用之（同條 II）。

第85條規定，於輔助人同意受輔助宣告之人為第1項第1款行為時，準用之（同條 III）。

第1項所列應經同意之行為，無損害受輔助宣告之人利益之虞，而輔助人仍不為同意時，受輔助宣告之人得逕行聲請法院許可後為之（同條 IV）。

2. 應置輔助人

受輔助宣告之人，應置輔助人（民§1113-1 I）。

---

[4] 立法理由：

受輔助宣告之人僅係因精神障礙或其他心智缺陷，致其為意思表示或受意思表示，或辨識其所為意思表示效果之能力，顯有不足，並不因輔助宣告而喪失行為能力，惟為保護其權益，於為重要之法律行為時，應經輔助人同意，爰於第一項列舉應經輔助人同意之行為。但純獲法律上利益，或依其年齡及身分、日常生活所必需者，則予排除適用，以符實際。

輔助人及有關輔助之職務，準用第1095條、第1096條、第1098條第2項、第1100條、第1102條、第1103條第2項、第1104條、第1106條、第1106-1條、第1109條、第1111條至第1111-2條、第1112-1條及第1112-2條之規定（同條Ⅱ）。

案例一

　　阿英是個堅毅的母親，和正雄結婚五年以來，夫妻倆共有三名子女。由於正雄生性好吃懶做，因此從來沒有一份工作可以用心做滿一年；此外，正雄一直都有酗酒的惡習，酒後亦常對阿英母子拳腳相向，整個家庭不時籠罩在暴力的氣氛當中。但是為了維持家計並養育小孩，阿英身兼數職以貼補家用，並努力將小孩撫養成人，只希望孩子們將來能成才，也算了卻阿英一樁心事。一日，正雄酒後回家又將怒氣發洩在阿英身上，阿英忍無可忍，終於決定與正雄離婚，由於正雄不同意將小孩的監護權交給阿英，阿英為了能順利離婚，只得忍痛同意約定監護權由正雄行使。不過就在雙方正式辦理離婚手續後，阿英開始思念起自己的幼子，此時阿英是否有任何方法可以將小孩的監護權爭取回來呢？

解　析

1. 依民法第1089條第1項之規定：「對於未成年子女之權利義務，除法律另有規定外，由父母共同行使或負擔之。」本案例中，因為阿英已同意放棄關於小孩權利義務（即監護權）之行使，因此，在離婚後將由正雄獨立行使監護權，並成為小孩之法定代理人，阿英則無法享有或負擔法律上賦予監護權人之權利義務。

2. 但這樣的約定，並非永遠無法改變。如果阿英確實掌握正雄無法善盡生父責任之證據時，阿英即可依民法第1055條及非訟事件法第122條至129條之規定，向管轄法院遞狀聲請改定小孩之監護權。通常法院在審理這些案件時，會行文縣市政府社會局，委託社會局指派公正、專業之社工人員對夫、妻及子女進行訪視報告，而社工人員在訪視後便會進行專業評估，並作出結論建議法院應由何人擔任監護權人為妥善。除了前述之訪視報告外，小孩的意願亦是法院裁定時的重要依

據，雖然小孩尚屬未成年人，甚至是無行為能力人（7歲以下），但只要小孩已成熟到足以清楚表達希望與誰共同生活之意願，法官於審理時亦會尊重小孩之決定，並配合訪視報告之結論，決定是否裁定移轉監護權至聲請人。

3.所以只要阿英認為小孩希望與媽媽共同生活，而自己也確實能肩負起養育小孩之責，則阿英隨時可以向法院遞狀聲請改定監護權，由法院裁定移轉監護權。

案例二

　　何春嬌與丈夫黃志明育有二子娟娟、芳芳。春嬌與志明兩人感情不睦，分居近三年，卻未離婚。志明和娟娟、芳芳長期住在志明母親黃老太太家中，九二一地震時志明不幸罹難，留下二子娟娟與芳芳由志明之母黃老太太照料。現在志明不幸死亡，娟娟與芳芳之監護權應由何人行使？

解　析

1.父母對子女監護權之行使，依民法第1089條之規定。因此案例中，黃志明與何春嬌雖分居三年，但既然未離婚，則志明與春嬌均仍為其所生子女娟娟、芳芳之監護人。當志明因地震死亡後，即屬一方不能行使監護權之情況，該監護權之行使，依法即應由娟娟與芳芳的母親春嬌任之。

2.但若春嬌有虐待娟娟、芳芳或浪費娟娟、芳芳之特有財產等侵害行為時，則娟娟與芳芳之祖母黃老太太得以最近親屬的身分，依民法第1090條或兒童福利法第40條的規定，向法院聲請宣告停止春嬌的親權或監護權，並另行選定監護人。

3.若無上述情形，在法律上黃老太太只能取得春嬌之同意，依民法第1092條，將監護權委託黃老太太行使。

案例三

7歲小樺的父親是臺灣人，母親是巴西人，但兩人並沒有合法的婚姻關係。後來小樺的母親因病去世，父親因長年在海上航行，無法照顧小樺，就將小樺的監護權轉讓給小樺的外祖母，由外祖母照顧小樺。後來父親將小樺帶回臺灣，並表示要讓小樺在臺灣接受教育，不久後因病去世，留下大筆的遺產在巴西及在臺灣的小樺。由於父親曾經表示要將小樺留在臺灣，所以小樺的叔叔就把小樺留在身邊照顧。可是巴西的外祖母則認為小樺應該回到巴西，並以父親的監護權已經轉讓給她，她才是小樺的監護人等理由，要求臺灣的叔叔將小樺送回巴西。臺灣的叔叔則堅持不願將小樺送回，使得小樺頓時成為國際新聞的焦點。

解　析

1. 按我國「國籍法」的規定，出生時父或母為中華民國國民者，取得中華民國國籍（國§2Ⅰ）。不過，小樺父母親的婚姻並不合法，但是「國籍法」第2條規定，外國人之父為中國人，而經其父認知者，取得中華民國國籍。因此，小樺的父親既然有承認並撫育小樺的事實，小樺就可依據第2條規定而取得我國國籍。

2. 小樺雖然依法取得我國國籍，但監護權爭取的另一方為其巴西的外祖母，故本案屬於涉外民事案件，應依「涉外民事法律適用法」第20條的規定：「監護，應依受監護人的本國法」；同時第26條又規定：「應適用當事人本國法而當事人有數國籍時，……應認為中華民國國民者，依中華民國法律。」所以小樺雖然同時有巴西和我國國籍，但應該適用我國的民法來決定其監護權的歸屬。

3. 依據我國民法第1094條的規定：「父母均不能行使、負擔對於未成年子女之權利義務或父母死亡而無遺囑指定監護人，或遺囑指定之監護人拒絕就職時，依下列順序定其監護人：一、與未成年人同居之祖父母。二、與未成年人同居之兄姊。三、不與未成年人同居之祖父母。」又民國27年上字第69號判例謂：「民法第1094條第1款及第3款所稱之祖父母，不僅指父之父母而言，母之父母亦包含在內。」

綜上所述，小樺的監護權應歸屬於其在巴西的外祖母。

歷屆高普考特考試題

1. 未成年人監護人之職務與禁治產人監護人之職務有何不同？

2. 未成年人監護人之產生方法有幾種？

3. 何謂委託監護？受委託監護之人是否為未成年人之法定代理人？

4. 依現行民法規定，未成年人之父母均死亡時，如何定其監護人？
   （89高）

5. 父母均死亡時，應如何定未成年子女監護人，試就現行民法之規定說
   明之。（89公務升）

6. 甲之父母離婚時，因均不適合對甲行使權利，乃由法院指定乙為甲之
   監護人。甲於17歲時，因細故與乙吵架，竟被乙打的傷痕累累。三年
   後，甲成年時，向乙請求損害賠償。試問：甲之請求有無理由？（90
   律師檢）

7. 依現行民法規定，未成年人之父母均死亡時，如何定其監護人？
   （89公務高）

8. 甲男與乙女結婚後，生下一子A。A 3歲時，甲男與乙女離婚並跟丙女
   結婚。婚後甲丙並生有兩子B、C。某日，甲男與丙及B、C出外旅遊發
   生意外，4人全部死亡，甲男留下1千萬元由A繼承，A當時才14歲。請
   問A應該由誰來保護教養？他所繼承的1千萬元應該由誰管理？
   （98地方特考三等法制）

9. 應置監護人之事由為何？監護人之人數是否以一人為限？
   （99地方特考四等戶政）

第五章　扶　養

一、扶養之意義

　　扶養，乃特定人對不能維持生活而無謀生能力之特定人予以經濟上之扶助養育之謂。其扶養他人者為扶養義務人，受扶養者為扶養權利人。

　　父母依民法第1084條第2項規定對未成年子女之保護教養義務，與民法第1114條規定對子女之扶養義務，二者雖均有扶養之內容，但有下列不同之處：

　　（一）前者係本於親權關係而生，係父母對於未成年子女之義務；後者則基於血緣關係而生，不論子女是否成年，均有此義務。

　　（二）前者不論未成年子女是否不能維持生活且無謀生能力，父母均有此義務，後者以子女不能維持生活且無謀生能力為限（民§1117）。

　　（三）前者父母於履行此義務時，原則上共同為之，不能共同為之時，由有能力者為之（民§1089Ⅰ）；後者各依父母之經濟能力，分擔義務（民§1115Ⅲ）。

　　（四）前者父母之保護教養義務，可能因子女成年而消滅，亦可能因父母離婚、濫用權利而僅由一方任之（民§1055、§1090）；後者則無此問題。

　　（五）前者如父母不能履行此義務時，另設監護人代之（民§1091-§1094）；後者如父母均不能履行義務時，依民法第1115條所定次順序之親屬遞補之。

二、發生扶養之要件

（一）須有一定親屬、家屬或配偶關係

　　民法第1114條規定：「下列親屬互負扶養之義務：1.直系血親相互間。2.夫妻之一方，與他方之父母同居者，其相互間。3.兄弟姊妹相互間。4.家長家屬相互間。」

民法第1116-1條規定：「夫妻互負扶養之義務，其負扶養義務之順序與直系血親卑親屬同，其受扶養權利之順序與直系血親尊親屬同。」另父母對於未成年子女之扶養義務，不因結婚經撤銷或離婚而受影響（民§1116-2）。

民法第1084條第2項之「教養」，不論由法律文義或立法意旨，均應包含父母對未成年子女之扶養在內。因此不適用民法第1114條所定之扶養順序、受扶養條件、扶養義務之免除、扶養程度之酌定、扶養方法之協議等，惟民法第1121條之因情事變更，得變更扶養之程度與方法，乃扶養之性質所當然，於父母對於未成年子女之扶養，仍應適用。再者，依民法第1116-2條，父母基於對於未成年子女之「教養」義務所包含之「扶養」義務，不因離婚而受影響，亦即父母之一方可能因離婚而喪失親權，然而仍須負擔扶養義務。

（二）受扶養權利者不能維持生活且無謀生能力

受扶養權利者，以不能維持生活而無謀生能力者為限。不過此項無謀生能力之限制，於直系血親尊親屬不適用之（民§1117）。民法第1114條第1款所定，直系血親相互間之扶養義務，係指凡不能維持生活而無謀生能力時，皆有受扶養之權利，並不以未成年為限。又所謂謀生能力並不專指無工作能力者而言，雖有工作能力而不能期待其工作，或因社會經濟情形失業雖已盡相當之能事，仍不能覓得職業者，亦非無受扶養之權利，故成年之在學學生，未必即喪失其受扶養之權利（56臺上795）。又民國74年6月3日修正公布民法第1116-1條，夫妻互受扶養權利之順序，既與直系血親尊親屬同，自不以無謀生能力為必要（79臺上2629）。

（三）扶養義務者須有扶養能力

負扶養義務者須有扶養能力，若因負擔扶養義務，而不能維持自己生活者，免除其義務；但受扶養權利者為直系血親尊親屬或配偶時，減輕其義務（民§1118）。扶養之程度應按受扶養權利者之需要，與負扶養義務者之經濟能力及身分定之，倘負扶養義務者因負擔扶養義務而不能維持自

己生活時，應免除其義務（20上972）。

（四）扶養義務之減輕或免除

　　現行法基於公平原則，而將扶養從「絕對義務」改為「相對義務」[1]。父母對子女有遺棄、家暴、性侵或其他不正行為時，法院就個案審酌，即使認為要子女負擔扶養義務顯失公平，但依舊法令規定，無法免除子女扶養義務。民國99年1月27日公布的民法第1118-1條新增條文規定，受扶養權力者對負扶養義務者、其配偶或直系血親故意為虐待、重大侮辱或其他身體、精神上之不法侵害行為；或對負扶養義務者無正當理由未盡扶養義務，負扶養義務者得請求法院減輕其扶養義務。同一條文明

----

[1] 按直系血親相互間互負扶養之義務；負扶養義務者有數人而其親等同一時，應各依其經濟能力，分擔義務。受扶養權利者，以不能維持生活而無謀生能力者為限；前項無謀生能力之限制，於直系血親尊親屬不適用之，民法第1114條第1款、第1115條第3項、第1117條分別定有明文。次按，受扶養權利者有下列情形之一，由負扶養義務者負擔扶養義務顯失公平，負扶養義務者得請求法院減輕其扶養義務：一對負扶養義務者、其配偶或直系血親故意為虐待、重大侮辱或其他身體、精神上之不法侵害行為。二對負扶養義務者無正當理由未盡扶養義務。受扶養權利者對負扶養義務者有前項各款行為之一，且情節重大者，法院得免除其扶養義務，民法第1118-1條第1項、第2項亦有明定。核其立法理由係民法扶養義務乃發生於有扶養必要及有扶養能力之一定親屬之間，父母對子女之扶養請求權與未成年子女對父母之扶養請求權各自獨立（最高法院92年度第五次民事庭會議決議意旨參照），父母請求子女扶養，非以其曾扶養子女為前提。然在以個人主義、自己責任為原則之近代民法中，徵諸社會實例，受扶養權利者對於負扶養義務者本人、配偶或直系血親曾故意為虐待、重大侮辱或其他家庭暴力防治法第2條第1款所定身體、精神上之不法侵害行為，或對於負扶養義務者無正當理由未盡扶養義務之情形，例如實務上對於負扶養義務者施加毆打，或無正當理由惡意不予扶養者，即以身體或精神上之痛苦加諸於負扶養義務者而言均屬適例（最高法院74年臺上字第1870號判例意旨參照），此際仍由渠等負完全扶養義務，有違事理之衡平，爰增列第1項，此種情形宜賦予法院衡酌扶養本質，兼顧受扶養權利者及負扶養義務者之權益，依個案彈性調整減輕扶養義務。至受扶養權利者對負扶養義務者有第1項各款行為之一，且情節重大者，例如故意致扶養義務者於死而未遂或重傷、強制性交或猥褻、妨害幼童發育等，法律仍令其負扶養義務，顯強人所難，爰增列第2項，明定法院得完全免除其扶養義務。可知增訂之民法第1118-1條規定於99年1月29日施行後，扶養義務從「絕對義務」改為「相對義務」，賦予法院得斟酌扶養本質，兼顧受扶養權利者及負扶養義務者之權益，依個案彈性調整減輕或免除扶養義務。（101家訴25、101家調裁1、101家訴295）

定，若有前項各款行為之一，且情節重大，法院得免除其扶養義務。

　　受扶養權利者有下列情形之一，由負扶養義務者負擔扶養義務顯失公平，負扶養義務者得請求法院減輕其扶養義務：

　　一、對負扶養義務者、其配偶或直系血親故意為虐待、重大侮辱或其他身體、精神上之不法侵害行為。

　　二、對負扶養義務者無正當理由未盡扶養義務。

　　受扶養權利者對負扶養義務者有前項各款行為之一，且情節重大者，法院得免除其扶養義務。

　　前二項規定，受扶養權利者為負扶養義務者之未成年直系血親卑親屬者，不適用之（民§1118-1）[2]。

三、扶養之順序

（一）負扶養義務者之順序

　　負扶養義務者有數人時，應依下列順序，定其履行義務之人（民§1115Ⅰ）：

----

[2] 按民法扶養義務乃發生於有扶養必要及有扶養能力之一定親屬之間，父母對子女之扶養請求權與未成年子女對父母之扶養請求權各自獨立（最高法院92年度第五次民事庭會議決議意旨參照），父母請求子女扶養，非以其曾扶養子女為前提。然在以個人主義、自己責任為原則之近代民法中，徵諸社會實例，受扶養權利者對於負扶養義務者本人、配偶或直系血親曾故意為虐待、重大侮辱或其他家庭暴力防治法第2條第1款所定身體、精神上之不法侵害行為，或對於負扶養義務者無正當理由未盡扶養義務之情形，例如實務上對於負扶養義務者施加毆打，或無正當理由惡意不予扶養者，即以身體或精神上之痛苦加諸於負扶養義務者而言均屬適例（最高法院74年臺上字第1870號判例意旨參照），此際仍由渠等負完全扶養義務，有違事理之衡平，爰增列第1項，此種情形宜賦予法院衡酌扶養本質，兼顧受扶養權利者及負扶養義務者之權益，依個案彈性調整減輕扶養義務。

至受扶養權利者對負扶養義務者有第1項各款行為之一，且情節重大者，例如故意致扶養義務者於死而未遂或重傷、強制性交或猥褻、妨害幼童發育等，法律仍令其負扶養義務，顯強人所難，爰增列第2項，明定法院得完全免除其扶養義務。

又父母對於未成年子女，有保護及教養之權利義務，爰仿德國民法第1611條第2項規定，增列第3項，明定第1項及第2項規定不適用於受扶養權利者為負扶養義務者之未成年直系血親卑親屬，以保護未成年子女之利益。

1. 直系血親卑親屬。

2. 直系血親尊親屬。

3. 家長。

4. 兄弟姊妹。

5. 家屬。

6. 子婦、女婿。

7. 夫妻之父母。

同係直系尊親屬，或直系卑親屬者，以親等近者為先（民§1115 Ⅱ）。又負扶養義務者有數人，而其親等同一時，應各依其經濟能力，分擔義務（民§1115Ⅲ）。

（二）受扶養權利者之順序

受扶養權利者有數人，而負扶養義務者之經濟能力，不足扶養其全體時，依下列順序，定其受扶養之人（民§1116Ⅰ）：

1. 直系血親尊親屬。

2. 直系血親卑親屬。

3. 家屬。

4. 兄弟姊妹。

5. 家長。

6. 夫妻之父母。

7. 子婦、女婿。

同係直系尊親屬，或直系卑親屬者，以親等近者為先（民§1116 Ⅱ）。又受扶養權利者有數人，而其親等同一時，應按其需要之狀況，酌為扶養（民§1116Ⅲ）。

四、扶養之程度及方法

扶養之程度，應按受扶養權利者之需要，與負扶養義務者之經濟能力及身分定之（民§1119）。扶養權利人對於扶養義務人請求指定扶養財產，如有必要情形自為法之所許，至扶養財產額之多寡，應依扶養義務人

之身分財力及扶養權利人之日常需要,以定標準(18上957、19上55、22上90、29上1121、30滬上150、30上360、38臺上18)。

至扶養之方法[3],由當事人協議定之。不能協議時,由親屬會議定之。但扶養費之給付,當事人不能協議時,由法院定之(民§1120)。指定為扶養之財產,其受扶養人若得指定扶養財產者之同意,亦得為變賣或其他處分(17上285、18上23、22上3078)。又受扶養權利者,應否與負扶養義務者同居一家而受扶養,抑應彼此另居,由負扶養義務者按受扶養權利者需要之時期,陸續給付生活資料或撥給一定財產,由受扶養權利者自行收益以資扶養,係屬扶養方法之問題,依民法第1120條之規定,應由當事人協議定之,不能協議時,應由親屬會議定之。對於親屬會議之決議有不服時,始得依民法第1137條之規定,向法院聲訴,不得因當事人未能協議逕向法院請求裁判(26鄂上401)。

扶養之程度及方法,當事人得因情事之變更,請求變更之(民§1121)。扶養方法雖曾經判定,但被扶養人因以後情事變遷,為鞏固其扶養權利起見,請求變更,非法所不許(18上1891、18上98、18上934)。

為配合民法親屬扶養規定之修正,立法院會同時也配合初審通過刑法

----

[3] 按扶養之方法,由當事人協議定之;不能協議時,由親屬會議定之,民法第1120條定有明文。所謂「扶養之方法」,稽其意旨應有二,一為迎養於扶養義務人之家,一為支給一定生活必需品或費用,後者有定期給付與不定期給付,及設定養贍財產而供扶養權利人使用收益等各種方法。又按受扶養權利者,應否與負扶養義務者同居一家而受扶養,抑應彼此另居,由負扶養義務者按受扶養權利者需要之時期,陸續給付生活資料或撥給一定財產,由受扶養權利者自行收益以資扶養,係屬扶養方法之問題,依民法第1120條之規定,應由當事人協議定之,不能協議時,應由親屬會議定之。對於親屬會議之決議有所不服,或親屬會議仍不能議定時,始得向法院聲訴,請求法院判決定之(最高法院26年鄂上字第401號、45年臺上字第346號判例參照)。準此,關於扶養之方法,倘當事人不能協議時,固應由親屬會議定之,如未經親屬會議定之,而受扶養權利人逕向法院請求判決給付扶養費,其訴雖屬欠缺權利保護要件,然倘受扶養權利人主張請求扶養費,而扶養義務人並未主張以迎養於扶養義務人之家或其他扶養方法,縱對扶養費之給付金額或給付有無理由之要件予以爭執,仍無所謂扶養方法不能協議之問題。(100家訴44)

部分條文修正草案,免除受虐子女遺棄罪的刑事責任。相關條文方面,三讀通過的刑法第294-1條[4]新增也規定,若「無自救力之人(父母)」先前

---

[4] 修正立法理由:

1. 按民法扶養義務乃發生於有扶養必要及有扶養能力之一定親屬間。惟徵諸社會實例,行為人依民法規定,對於無自救力人雖負有扶養義務,然因無自救力人先前實施侵害行為人生命、身體、自由之犯罪行為,例如殺人未遂、性侵害、虐待,或是未對行為人盡扶養義務,行為人因而不為無自救力人生存所必要之扶助、養育或保護,應認不具可非難性。若仍課負行為人遺棄罪責,有失衡平,亦與國民法律感情不符。爰增訂本條,明定阻卻遺棄罪成立之事由。

2. 刑法第294條所謂之「依法令」應扶助、養育或保護,不以民法親屬規定之扶養、保護及教養義務為限,尚包含其他法令在內,例如海商法之海難救助義務、道路交通管理處罰條例第62條之肇事救護義務。爰明定本條之適用,以依民法親屬編規定應負扶助、養育或保護者為限。

3. 刑法第294條遺棄罪之遺棄行為,包含積極遺棄無自救力人之行為,以及消極不為無自救力人生存所必要之扶助、養育或保護之行為。爰明定僅限於「不為無自救力人生存所必要之扶助、養育或保護」之消極遺棄行為,始有本條之適用。若行為人積極遺棄無自救力人,即便有本條所定之事由,仍不能阻卻遺棄罪之成立。

4. 法定最輕本刑六月以上有期徒刑之罪,已非屬輕罪。無自救力人侵害行為人之生命、身體、自由而為是類犯罪行為,顯難苛求行為人仍對之為生存所必要之扶助、養育或保護,爰訂立第一款。所謂為侵害生命、身體、自由之犯罪行為,不以侵害個人法益之犯罪行為為限,凡侵害國家法益或社會法益之犯罪行為,致個人之生命、身體、自由間接或直接被害者,亦包括在內。

5. 無自救力人對行為人為第227條第3項、第228條第2項、第231條第1項或第286條之行為者,雖非法定最輕本刑六月以上有期徒刑之罪,惟亦難期待行為人仍對之為生存所必要之扶助、養育或保護,爰訂立第2款。

6. 無自救力人對行為人故意犯本條第1款、第2款以外之罪,而侵害行為人之生命、身體、自由者,考量可能成立之罪名不一、個案之侵害結果軒輕有別,復審酌是類犯罪多為輕罪,為避免因無自救力人之輕微犯罪,即阻卻行為人遺棄罪之成立,造成輕重失衡,爰於第3款明定是類犯罪,必須經判處逾六月有期徒刑確定,始得阻卻遺棄罪之成立。又併受緩刑之宣告者,於緩刑期滿而緩刑之宣告未經撤銷者,依刑法第76條之規定,刑之宣告失其效力。刑既已消滅,即不符合本款之規定,從而不能阻卻遺棄罪之成立。

7. 無自救力人對行為人負法定扶養義務,竟無正當理由而未盡扶養義務,雖因行為人另有人扶養,致其生命未陷於危險狀態,無自救力人方未成立遺棄罪。所謂正當理由,例如身心障礙、身患重病。若不論無自救力人未盡扶養義務之原因、期間長短、程度輕重,皆可阻卻行為人遺棄罪之成立,造成阻卻遺棄成立之範圍過大,影響無自救力人的法益保

曾侵害「行為人（子女）」生命、身體、自由，例如殺人未遂、性侵害、虐待，或是未對行為人盡扶養義務，造成行為人不提供無自救力之人生存所必要扶助、養育或保護，不罰。參照下列相關法規修正條文及理由書。

歷屆高普考特考試題

1. 試說明扶養義務人之範圍。（72高）
2. 試述扶養之要件。
3. 試說明扶養義務人之順序。（75特丙）
4. 直系血親尊親屬，是否應受「不能維持生活」之限制？
5. 某甲有母乙、妻丙、子丁、女戊，試問有下列情形，應如何適用民法之規定：丙以其夫甲棄家不顧，全賴其做工謀生，不能維持生活，請求甲履行扶養義務，有無理由？（76律）
6. 甲男乙女為夫妻，育有四歲兒子丙，因個性不合協議離婚，雙方約定

護，有失衡平，爰訂立第4款。又民法第1119條規定，扶養之程度，應按受扶養權利者之需要與負扶養義務者之經濟能力及身分定之。所謂「未盡扶養義務」包含未扶養及未依民法第1119條規定之扶養程度扶養。所謂「持續逾二年」係指未盡扶養義務之期間必須持續至逾二年。若係斷斷續續未盡扶養義務，且每次未盡扶養義務之期間持續皆未逾二年，即便多次未盡扶養義務之期間加總合計已逾二年，仍非此處所謂之「未盡扶養義務持續逾二年」。所謂「情節重大」係用以衡量未盡扶養義務之程度輕重。

8. 無自救力人對行為人若有本條阻卻遺棄罪成立事由以外之事由，行為人因而不為無自救力人生存所必要之扶助、養育或保護者，例如無自救力人傷害行為人，經判處有期徒刑四月確定，則仍成立遺棄罪，惟依個案之情節輕重、影響，檢察官可依刑事訴訟法之規定裁量給予緩起訴處分，起訴後法院可依刑法第57條之規定，作為量刑之因素，甚或依刑法第59條之規定，予以減輕其刑。

9. 依民法第1118-1條修正草案之規定，扶養義務之減輕或免除，須請求法院為之。法院減輕或免除扶養義務之確定裁判，僅向後發生效力，並無溯及既往之效力。因而於請求法院裁判減輕或免除扶養義務之前，依民法規定仍負扶養義務。本條所定阻卻遺棄罪成立之事由，與民法第1118-1條修正草案扶養義務之減輕免除事由相同者，事由是否存在，民刑事案件各自認定，彼此不受拘束，併此敘明。

就對丙之權利行使義務負擔由乙妻任之，並特別約定對丙之保護教養費用（扶養費），悉由乙負擔。之後，乙失業無力支付丙之各項費用，要求甲分擔，甲竟藉此擅自將就讀幼稚園之丙帶走藏匿，乙因過於思念丙，精神受到嚴重打擊，痛苦萬分。（93律師）

試問：(1)乙得否向甲請求交還丙，法律依據為何？

　　　(2)乙得否向甲請求精神上損害賠償，法律依據為何？

　　　(3)甲應否負擔丙之保護教養費用（扶養費）？

7. 甲男乙女為夫妻，育有丙、丁二子，甲、乙協議離婚，約定對於未成年之子丁權利義務之行使及負擔由乙任之，丙則已成年，現就讀大學。（94司法官）

試問：(1)丙、丁可否請求甲扶養？

　　　(2)甲可否請求丙扶養？

8. 甲育有一子乙，甲於乙成年後，要求乙每月應給付新臺幣一萬元扶養費，為乙所拒絕，甲遂召開親屬會議，親屬會議中決議乙每月應給付甲新臺幣八千元之扶養費，但仍為乙所拒絕。試問：上述親屬會議決議乙應給付之金額八千元，是否對乙有拘束力？甲可否再向法院起訴，請求乙應給付扶養費？乙是否能主張甲有謀生能力而拒絕給付扶養費？（100普考戶政）

9. 未成年人甲外出途中，擅自闖越紅燈，遭乙違規超速駕駛之機車撞擊，送醫後不治死亡。甲之母親丙嗣後對乙起訴，請求乙賠償其將來所受扶養權利之損害。針對丙之請求，乙提出二項抗辯：甲擅自闖越紅燈肇致車禍，應減輕其賠償責任；甲生前仍賴丙之扶養，故丙所得請求賠償之金額，應扣除其至甲有謀生能力時止因而得免支出之扶養費。問：乙之抗辯，有無理由？（101高考法制）

第六章　家

一、家之意義

　　歐美多數國家及亞洲之日本，皆未將家制法制化，蓋因這些國家之親屬法採個人主義所致，我國民法親屬編第六章，設有「家」之規定，係仿照瑞士民法第331條而設[1]。「稱家者，謂以永久共同生活為目的而同居之親屬團體」（民§1122）。兄弟數人業已分家，雖仍同門居住，亦不得謂之一家（22院848）。

二、家之組織

　　家置家長。同家之人，除家長外，均為家屬。家屬不以親屬為限，雖非親屬，而以永久共同生活為目的同居一家者，視為家屬（民§1123）。男女訂定婚約尚未結婚者，與他方之父母固不發生親屬關係，但男方之父母以永久共同生活為目的，而與子之未婚妻同居一家者，視為家屬（23上3096）；又父之妾如非自己之生母，而以永久共同生活為目的同居一家者，亦視為家屬（21上2238）。

　　家長之產生，依民法第1124條規定：「家長由親屬團體中推定之。無推定時，以家中之最尊輩者為之。尊輩同者以年長者為之。最尊或最長者不能或不願管理家務時，由其指定家屬一人代理之。」

三、家之管理

　　家務由家長管理。家長管理家務如為家屬全體之利益，自得處分家產。但家屬所已繼承或係其私有之財產，須得家屬同意。（29院1069）；但家長得以家務之一部，委託家屬處理（民§1125）。家長管理家務，應注意於家屬全體之利益（民§1126）。家長請求將家屬入譜，依

---

[1] 家制應設專章規定之理由：「我國家庭制度為數千年社會組織之基礎，一旦欲根本推翻，恐窒礙難行或影響社會太甚，在事實上似以保留此種制度為宜，在法律上自應承認家制之存在。」（見「親屬法先決各點審查意見書」第八點說明）。

民法第1126條規定，原係注意家屬全體之利益事項，同宗集合修譜，各家家長對於家屬入譜事項，自屬有權主持（42臺上364）。

四、家之分離

民法第1127條規定：「家屬已成年或雖未成年而已結婚者，得請求由家分離。」依民法第1127條之規定，即得請求由家分離，不必別有正當理由（31上1494、41臺上434）。又家長對於已成年或雖未成年而已結婚之家屬，得令其由家分離，但以有正當理由時為限（民§1128）。例如家長之故父所遺之妾，品行不檢，與男子互通情書時，家長令其由家分離，不得謂無正當理由（26上544）；姑為家長，媳為家屬，媳於夫故後與人通姦時，姑令其媳由家分離，自難謂無正當理由（29上2008）。

歷屆高普考特考試題

・何謂家？何謂家屬？二者之關係如何？（69升）

第七章　親屬會議

一、親屬會議之意義

　　親屬會議乃由一定之親屬所組織而成，依法律之規定，行使其職權，非常設之組織。親屬會議於目前之工商社會已難以組織或召開，因此德國、日本民法已將親屬會議之規定全部廢除；惟我國民法有關親屬會議權限之規定頗多，親屬會議不能召開或召開有困難時，依法應經親屬會議處理之事項，有召集權之人得依民法第1132條規定，聲請法院處理，故有關親屬會議事件之程序，仍有加以規定必要，爰增訂第四節監護事件，詳細臚列各該事件之管轄及其特別程序，並訂定概括規定，以資兼顧（非訟§158-§169）。

二、親屬會議之組織

　　親屬會議以會員五人組織之（民§1130）。監護人、未成年人及受監護宣告之人，不得為親屬會議會員（民§1133）。

　　會員之產生方法，茲分述如次：

（一）法律規定

　　會員應就未成年人、受監護宣告之人或被繼承人之下列親屬與順序定之（民§1131Ⅰ）：

　　1. 直系血親尊親屬。

　　2. 三親等內旁系血親尊親屬。

　　3. 四親等內之同輩血親。

　　前項同一順序之人，以親等近者為先，親等同者，以同居親屬為先，無同居親屬者，以年長者為先（民§1131Ⅱ）。依前二項順序所定之親屬會議會員，不能出席時，由次順序之親屬充任之（民§1131Ⅲ）。

　　立法院在民國97年5月2日第7屆第1會期第9次會議三讀修正通過「民法總則編部分條文」、「民法總則施行法部分條文」、「民法親屬編部分條文」及「民法親屬編施行法部分條文」，就禁治產制度大幅變革，將禁

治產宣告改為監護宣告，另增加輔助宣告制度；就原有關於未成年人及禁治產人監護相關規定全面翻修，並由法院取代親屬會議之功能，將監護改由法院監督。其中配合民法總則將「禁治產」用語，改為「監護」。又為使成年監護制度更具彈性與符合社會需求，將之改為「監護」及「輔助」二級，刪除原由親屬會議監督監護人處分受監護人財產之規定，增訂監護人管理受監護人之財產，原則上不得為投資行為。另就影響受監護人權益之特定重大法律行為，如監護人對於受監護人之財產，代受監護人購買或處分不動產、出租、供他人使用或終止租賃供受監護人居住的建築物或基地，非經法院許可，不生效力。

親屬會議較常召開的情形大多在於繼承問題，其中除了法定繼承人外亦涉及實際受扶養人之權益，遺產的法定繼承人，應依民法第1138條規定之順序定之，而配偶在法律上的繼承地位為「當然繼承人」。惟所謂「配偶」，指繼承開始時（被繼承人死亡時）有合法婚姻關係存續中的夫或妻而言。被繼承人的情婦或小老婆，與被繼承間並無合法的婚姻關係，其身分並非法律上之「配偶」，自無法定繼承權。惟如被繼承人生前如對該情婦或小老婆有繼續扶養的事實時，該情婦或小老婆可以依民法第1149條之規定，向親屬會議依其所受扶養的程度及其他關係，請求酌給遺產。如果親屬會議決議「給得過少」或「根本不給」時，該情婦或小老婆尚可請求法院以裁判方式酌給遺產。

家事事件法第12章關於親屬會議事件之規定如次：

家事事件法第181條：

關於為未成年人及受監護或輔助宣告之人聲請指定親屬會議會員事件，專屬未成年人、受監護或輔助宣告之人住所地或居所地法院管轄。

關於為遺產聲請指定親屬會議會員事件，專屬繼承開始時被繼承人住所地法院管轄。

關於為養子女或未成年子女指定代為訴訟行為人事件，專屬養子女或未成年子女住所地法院管轄。

關於聲請酌定扶養方法及變更扶養方法或程度事件，專屬受扶養權利

人住所地或居所地法院管轄。

　　聲請法院處理下列各款所定應經親屬會議處理之事件，專屬被繼承人住所地法院管轄：

　　一、關於酌給遺產事件。

　　二、關於監督遺產管理人事件。

　　三、關於酌定遺產管理人報酬事件。

　　四、關於認定口授遺囑真偽事件。

　　五、關於提示遺囑事件。

　　六、關於開視密封遺囑事件。

　　七、關於其他應經親屬會議處理事件。

　　家事事件法第183條[1]：

　　第一百二十二條之規定，於第一百八十一條第一項及第二項事件準用之。

　　第九十九條至第一百零三條及第一百零七條之規定，於第一百八十一條第四項事件準用之。

　　第一百零六條之規定，於本章之事件準用之。

　　本章之規定，於其他聲請法院處理親屬會議處理之事件準用之。

----

[1] 立法理由：

　1. 第122條關於法院所選定監護人之辭任事由及程序，於第181條第1項及第2項關於法院指定親屬會議會員事件，亦有準用之必要，爰於第1項明定之。

　2. 第99條關於請求扶養事件之書狀記載事項、第100條關於扶養費之給付方法、第101條關於和解之方式及效力、第102條關於情事變更、第103條關於前提法律關係合併審理及第107條關於法院酌定、改定、或變更父母對於未成年子女權利義務之行使或負擔之裁定內容等規定，於第181條第4項所定聲請酌定扶養方法及變更扶養方法或程度事件，亦有準用之必要，爰於第2項明定之。

　3. 第106條關於徵詢主管機關或社會福利機構之規定，於本章之事件亦有準用之必要，爰於第3項明定之。

　4. 為免疏漏，爰於第4項明定關於本章之規定，準用於其他聲請法院處理親屬會議之事件。

（二）法院指定

無上述之親屬，或親屬不足法定人數時，法院得因有召集權人之聲請，於其他親屬中指定之。親屬會議不能召開或召開有困難時，依法應經親屬會議處理之事項，由有召集權人聲請法院處理之。親屬會議經召開而不為或不能決議時，亦同（民§1132）。例如鄭懷祿於民國85年6月7日經法院85年度禁字第40號民事裁定宣告為禁治產人，其子經選定為禁治產人鄭懷祿之監護人，現為解決債務需處理禁治產人鄭懷祿之財產，依法應由親屬會議為之，按無民法第1131條規定之親屬，或親屬不足法定人數時，法院得因有召集權人之聲請，於其他親屬中指定之，民法第1132條定有明文（88家抗72）。又被繼承人黎夢蘋於民國85年10月17日病逝，其配偶及獨生女則早已先行亡故，且別無民法第1131條所定之親屬會議會員。因黎夢蘋於生前85年10月6日立有口授遺囑，抗告人史櫻櫻為遺囑之見證人，陳慶尚為遺囑執行人，為確認該遺囑之真偽；但親屬會議不能召開或召開有困難，由有召集權人依民法第1132條之規定，聲請法院於其他親屬中指定之（86家抗86）。而依法應為親屬會議會員之人，非有正當理由，不得辭其職務（民§1134）。

三、親屬會議之職權

親屬會議之職權，頗為廣泛，散見於民法有關之各條，例如第1090條糾正父母濫用其對於子女之權利；第1094條第5款選定監護人；第1103條聽取監護人對於受監護人財產狀況之報告；第1109條承認或拒絕監護人對於受監護人財產清算之結果等均是。

四、親屬會議之開會

（一）召　集

民法第1129條規定：「依本法之規定應開親屬會議時，由當事人、法定代理人、或其他利害關係人召集之。」又法院亦得召集（民§1111Ⅱ）。

（二）開會及決議

　　親屬會議，非有三人以上之出席，不得開會，非有出席會員過半數之同意，不得為決議（民§1135）。而親屬會議會員，於所議事件有個人利害關係者，不得加入決議（民§1136）。

（三）決議不服

　　第1129條所定有召集權之人，對於親屬會議之決議，有不服者，得於三個月內向法院聲訴（民§1137），以謀救濟。[2]

----

[2]　民事訴訟法研究會第113次研討會

　　問題（呂太郎）：民法第1137條規定：「第1129條所定有召集權之人，對於親屬會議之決議有不服者，得於三個月內向法院聲訴。所謂聲「訴」，實務上認為係向法院提起撤銷決議之訴，應以判決程序為之（29抗10、48臺上1532、73年臺上3610）。又對於親屬會議之決議不服，如為否定親屬會議決議之效力，僅能以確認親屬會議決議不存在之形式提起，然依家事事件法第183條第4項規定：「本章之規定，於其他聲請法院處理親屬會議處理之事件準用之。」則依民法第1137條規定所為聲訴，尤其請求確認親屬會議決議不存在（或無效），是否適用丁類非訟程序？

　　邱聯恭：

　　(1)親屬會議事件多屬本質上非訟事件（職權事件），因為此類事件（民§1132-1136、家事法§133-135），多需求借重法官行使裁量權以因應情況變遷為妥速處理，且非必均有對立之兩造當事人，而其程序標的事項並非關係人所得任意處分。

　　(2)不過，著眼於親屬會議之組成或決議作成程序之要件，亦有經明定之情形（如民§§1130、1132、1133、1135、1136），而可認為有關其決議存否或效力（如：決議有效或無效、得否撤銷）爭執之事件亦具有某程度之訟爭性，屬真正訟爭事件。鑑於此類爭執所涉事項多與該當於親屬會議之召開或決議有所難能等情形相競合或關連，且此種事件隨著社會變遷已不多有（德、日等國已無親屬會議制），縱有之，亦常多宜聲請訟法院適用同一非訟程序併與相關連之其他非訟事件為妥速處理（民§1132），屬於宜併為非訟化處理之事件類型。從而，家事事件法第3條第4項第8款及第183條第4項規定併將請求確認親屬會議決議存否或是否有效等類事件亦列為非訟事件，而要求適用家事（丁類事件）非訟程序法（§74），以便採行簡易主義等非訟法理（以裁定方式、循抗告程序等），且可與相關親屬會議聲請事件（如：就親屬會議依民法第1120條定扶養方法之決議程序或內容請求救濟事件與就給付扶養費依家事法第107條聲請處理事件）併用同依家事非訟程序為迅速、統合處理，在立法政策上值受肯定評價。不過，基於上開真正訟爭事件性，此種事件兼屬家事法第37條所定「其他家事訴訟事件」（本質上訴訟事件），亦可依同法第51條

歷屆高普考特考試題

1. 試述親屬會議會員之產生方法。
2. 法院得否代親屬會議處理其應處理之事項？

規定準用民事訴訟法，而在該非訟程序上交錯適用訴訟法理（使兩造行言詞辯論）；其確定裁定亦可能具既判力（除家事法有規定者外，準用民訴法§400、401）。

(3)綜上，於家事事件法公佈施行後，最高法院29年抗字第10號判例及48年臺上字第1532號判例及沿襲其旨之73年臺上字第3610號判決意旨，均應儘速配合修正變更或廢止不用。何況，此二判例係作成於53年（1964年）非訟事件法公布施行以前，在該作成之時代，我國制定民事訴訟法之立法者及從事審判之法官，多欠缺如何區分訴訟事件與非訟事件法第1條所定「非訟事件」之基本知識（請回顧上述「一、(四)」之說明，併參照前揭邱聯恭在立法院公聽會所提「司法院版重大缺漏」），以致未能本於上開論旨，就民法第1137條所定「聲訴」之意涵踐行實質上合目的性闡釋，而未予以解為其係可能兼含有「聲請」為非送裁定或「起訴」求為判決之意旨在內，是猶如未能將法文上「裁判」一語理解為包含「裁定」或「判決」在內般。準此，宜將此項民法規定解為，其立法者原非不容許得為「聲訴」之召集權人可選擇循非訟或訴訟程序為裁判。在依此規定就上開訟爭事件起訴之情形，則亦屬家事事件法第3條第6項所定「家事事件」中之家事「非訟事件」，固亦可依第51條適用家事訴訟法理或準用民事訴訟法為審判。不過，在家事法第3條第4項第8款及第183條第4項規定將上開親屬會議決議訟爭事件非訟化審理，而可依上述般交錯適用訴訟法理及非訟法理以後，上開判例已失其解釋上效力，且亦宜考慮將上開民法所定「聲訴」修正為類如「聲請處理（裁定）」等意旨，以求一貫。

參考書目

一、中文部分

1. 立法院公報院會紀錄

2. 最高法院判例全文彙編（民事），2009年9月。

3. 最高法院民刑事庭會議決議暨全文彙編（民事），2003年9月。

4. 尹蓉先，兩岸婚姻法、親屬法比較研究，五南出版，1999年6月。

5. 尹蓉先、尤美女、王海南、吳煜宗、呂麗慧、林秀雄、侯英泠、施慧玲、高玉泉、許澍林、郭振恭、郭書琴、郭欽銘、陳榮隆、劉宏恩、蔡顯鑫、鄧學仁、戴瑀如、簡良育、魏大喨等多人合著，現代身分法之基礎理論-戴東雄教授七秩華誕祝壽論文集，元照出版，2007年8月，1版。

6. 王如玄、翟敬宜〈合著〉，婚姻的法律顧問：愛情與家庭的忠實守護者，新自然主義，2000年9月。

7. 李永然，婚姻及家庭法律實用寶典，正中出版，2001年6月。

8. 林秀雄，親屬法講義，五南出版，2013年2月，3版。

9. 林秀雄主編，民法親屬繼承實例問題分析，五南出版，2009年3月，2版。

10. 林菊枝，親屬法專題研究（二），五南，1997年6月，初版。

11. 林菊枝，親屬法新論，五南出版，1996年9月，初版。

12. 施慧玲，家庭、法律福利國家現代親屬身分法論文集，元照出版，2001年2月，初版。

13. 高鳳仙，親屬法：理論與實務，五南出版，2012年9月，13版一刷。

14. 郭欽銘，親屬繼承：案例式，五南出版，2012年9月，7版。

15. 陳棋炎、黃宗樂、郭振恭合著，民法親屬新論，三民出版，2013年4月，11版。

16. 劉俊麟，臺灣生死書——婚喪習俗及法律知識，聯經出版，1999年5

月。

17. 蔡輝龍，論海峽兩岸親屬法制，五南出版，1994年11月初版。

18. 鄧學仁，親屬法之變革與展望，月旦出版社，1997年6月初版。

19. 鄧學仁、嚴祖照、高一書〈合著〉，DNA鑑定－親子關係爭端之解決，元照出版，2006年12月，2版。

20. 戴東雄，親屬法實例解說，自版，2007年9月。

21. 戴炎輝、戴東雄合著，中國親屬法，自版，2000年5月。

22. 戴炎輝、戴東雄、戴瑀如合著，親屬法，自版，2012年8月。

二、德文部分

Münchener Kommentar zum Bürgerlichen Gesetzbuch, Band 7: Familienrecht I (§§1297-1588), VAHRG, VAUG, HausratsV C.H.Beck 2000

Münchener Kommentar zum Bürgerlichen Gesetzbuch, Band 8: Familienrecht II (§§1589-1921), SGB VIII C.H.Beck 2002

Paare ohne Trauschein. Finanzen-Verträge-Ansprüche. von Finn Zwisler Walhalla Fachverlag (Juli 2001)

Familienrecht. --von Dieter Schwab- Prufe dein Wissen, H. 5, BGB Familienrecht --von Dieter Schwab

Versöhnliche Scheidung von Christoph Strecker Beltz (1. Dezember 1996)

Versöhnliche Scheidung von Christoph Strecker Beltz (1. Dezember 1996)

Familienrecht. Mit 33 Beispielfallen. von Günter Raddatz Alpmann und Schmidt (Februar 2003)

Anwaltspraxis, Familienrecht in der anwaltlichen Praxis von Fritz Finke (Herausgeber), Roland Garbe (Herausgeber) Deutscher Anwaltverlag (2003)

WISO Ratgeber Kinder Familie Geld. Geld vom Staat-Weniger Steuern-Erziehungsurlaub-Kindesunterhalt-Stipendien von Michael Jungblut UEBERREUTER WIRTSCHAFT (Oktober 2002)

Familienrecht. 104 Karteikarten. von Karl E. Hemmer, Achim Wüst Hemmer/

Wüst, Würzburg (Oktober 1998)

Prüfe dein Wissen, H. 5, BGB Familienrecht von Dieter Schwab Beck'sche Verlagsbuchhandlung, C. H. (2003)

Familienrecht (FamR). DTV-Beck (Juli 2003)

Recht der Familie und Jugendhilfe. Arbeitsplatz Jugendamt/Sozialer Dienst. von Gerhard Fieseler, Reinhard Herborth Luchterhand Fachb., N. (1996)

Anwaltspraxis, Einstweiliger Rechtsschutz in Familiensachen von Johannes Ebert Deutscher Anwaltverlag (Mai 2002)

Familienrecht, Bd.2, Unterhaltsrecht und Güterrecht, m. CD-ROM von PeterWohlfahrt Deutscher Anwaltverlag (April 2001)

Familienrecht. von Helmut Seidl Beck Juristischer Verlag (Mai 2003)

Anwaltliche Aufklärungs-und Belehrungspflichten. Familienrecht. von Ernst Sarres Luchterhand (Hermann) (Oktober 2001)

Zugewinnausgleich. Mit Schuldenregulierung und Kosten. Ein Leitfaden für die Praxis. von Jochen Duderstadt Hermann Luchterhand Verlag (September 2002)

22 Probleme aus dem Familien-und Erbrecht von Dietrich Simon, Olaf Werner Hermann Luchterhand Verlag (September 2002)

Recht der Familie und Jugendhilfe. Arbeitsplatz Jugendamt/Sozialer Dienst. von Gerhard Fieseler, Reinhard Herborth Luchterhand (Hermann) (Januar 2001) Broschiert

Anwaltspraxis, Familienrecht in der anwaltlichen Praxis von Fritz Finke (Herausgeber), Roland Garbe (Herausgeber) Deutscher Anwaltverlag (2003)

Familienrecht, Bd.1, Scheidungs-, Sorge-, Umgangs-, Hausrats- und Kindsch-aftssachen, m. CD-ROM von Peter Wohlfahrt Deutscher Anwaltverlag (April 2001)

Praktikum des Familienrechts. Eine Darstellung des familiengerichtlichen Verfahrens von Wolfgang Thalmann, Gunther May MUELLER C.F. (5.

Oktober 2000)

Jugend-und Familienrecht. (Lernmaterialien) von Hans Schleicher Stam
(Dezember 1999)

Familienrecht. Karteikarten. von Karl E. Hemmer, Achim Wüst Hemmer/Wüst
(Juni 2003)

Praxis des Familienrechts. von Horst-Heiner Rotax (Herausgeber) Zap-Verlag
für die Rechts-U. Anwaltspraxis (August 2003)

Familienrecht. 104 Karteikarten. von Karl E. Hemmer, Achim Wüst Hemmer/
Wüst, Würzburg (Oktober 1998)

Familienrecht. von Karl E. Hemmer, u. a. Hemmer/Wüst Verlagsgesellschaft
(Mai 2000)

Familienrecht. Deutsch/Englisch. von Karl E. Hemmer, u. a. Hemmer/Wüst
(2002)

Memo-Check, Familienrecht und Erbrecht von Michael Baumer Alpmann/
Schmidt, Münster (1998)

Alpmann-Cards, Karteikarten, Familienrecht von Holger Schwemer, u. a.
Alpmann und Schmidt (Januar 2001)

Familienrecht. Alpmann/Schmidt, Münster (1998)

Familienrecht. Mit 33 Beispielfällen. von Günter Raddatz Alpmann/Schmidt,
Münster (April 2001)

Familienpolitische Denkanstöße. Sieben Abhandlungen. Connex, gesellschaft-
spolitische Studien, Bd. 1 von Max Wingen Vektor-Verlag (2001)

Das Haftungsprivileg der eigenüblichen Sorgfalt im Familienrecht. Weiterent-
wicklung der § § 1359, 1664 BGB aufgrund der rechtlichen und sozialen
Veränderung von Ehe und Kindschaft von Eike Knolle wvb Wissenscha-
ftlicher Verlag Berlin (Juli 1999)

Referendarkarteikarten Zivilrecht 4. Familienrecht und Erbscheinsverfahren.
Münchhausen & Partner (April 2003)

Praxishandbuch Familienrecht und Erbrecht. Schnittstellen in der anwaltlichen und notariellen Praxis. von Walter Krug, Finn Zwisler Weka (Februar 2002)

Praxis der Familienmediation. von Jutta Hohmann, Doris Morawe Schmidt, Köln (Mai 2001)

Praxis des neuen Familienrechts. Referate und Berichte der Grossen Arbeitstagung des Fachverbandes Berliner Stadtvormunder e.V. vom 28. November bis 2. Dezember 1977 in Berlin (1978)

Familienrecht. von Dieter Henrich de Gruyter, Bln. (1991)

Familienrecht. von Dieter Henrich Gruyter (1995)

Handbuch der Rechtspraxis (HRP), 9 Bde. in 11 Tl.-Bdn., Bd.5a, Familienrecht, m. Diskette (3 1/2 Zoll) von Hans-Ulrich Graba, Karl Firsching (Herausgeber) C.H. Beck Verlag (September 1998)

Familienrecht. von Dieter Giesen Mohr (1997)

Bürgerliches Recht. Familienrecht. von Hans G. Krause, u. a. Kohlhammer (1986)

Der psychologische Sachverständige in Familienrechtssachen. von Hermann-Josef Berk Kohlhammer (1985)

Praktische Einführung in das Familienrecht von Alexander Ganter (1987)

Bürgerliches Gesetzbuch, Kommentar, 12. Aufl., 10 Bde. in Tl.-Bdn., Bd.7, Familienrecht von Hermann Lange Kohlhammer (1989)

Bürgerliches Gesetzbuch, Kommentar, 12. Aufl., 10 Bde. in Tl.-Bdn., Bd.8, Familienrecht Kohlhammer (1987)

österreichisches Familienrecht (Springers Kurzlehrbücher der Rechtswissenschaft) von Franz Gschnitzer Springer Verlag Wien (Januar 1998)

Bürgerliches Recht V. Familienrecht (Springers Kurzlehrbucher der Rechtswissenschaft) von Ferdinand Kerschner Springer-Verlag Vienna (18. Oktober 2002)

Soll die Rechtsstellung der Pflegekinder unter besonderer Berücksichtigung des Familien-, Sozial- und Jugendrechts neu geregelt werden?. (Teilgutachten Familienrecht), Tl A von Dieter Schwab, Gisela Zenz (1982)

Lehrbuch des Familienrechts. von Joachim Gernhuber, Dagmar Coester-Waltjen Beck'sche Verlagsbuchhandlung, C. H. (1994)

Familienrecht. Ein Studienbuch. von Günther Beitzke, Alexander Lüderitz (Herausgeber) Beck, Mchn. (1992)

Bürgerliches Gesetzbuch (BGB). Familienrecht. von Dieter Schwab Beck Juristischer Verlag (Mai 2003)

Familienrecht II. 1589 - 1921 KJHG. (Bd. 8) von Kurt Rebmann (Editor) Beck, Mchn. (1992)

Familienrecht. von Dieter Schwab C.H. Beck Verlag (1995)

Familienrecht. Ein Studienbuch. von Alexander Lüderitz, Günther Beitzke (Editor) C.H. Beck Verlag (1999)

Familienrecht. von Dieter Schwab C.H. Beck (1999)

Handbuch des Fachanwalts, Familienrecht, m. CD-ROM Luchterhand Fachb., N. (1999)

Familienrecht einschließlich Verfahrensrecht in Familiensachen. von Helmut Seidl C.H. Beck Verlag (Juli 1998)

Münchener Prozesformularbuch, Bd.3, Familienrecht, m. CD-ROM von Peter Gottwald (Editor) C.H. Beck (Juli 2001)

Handbuch der Rechtspraxis (HRP), 9 Bde. in 11 Tl.-Bdn., Bd.5b, Familienrecht, m. Diskette (3 1/2 Zoll) von Karl Firsching, Werner Ruhl C.H. Beck Verlag (Dezember 1999)

Familienrecht. Grundrisse des Rechts. von Dieter Schwab C.H. Beck Verlag (1999)

Familienpsychologische Gutachten. Rechtliche Vorgaben und sachverständiges Vorgehen. von Joseph Salzgeber C.H. Beck (Marz 2001)

Status Familiae. von Andreas Wacke, u. a. C.H. Beck (Mai 2001)

Family and Succession Law in Germany. von Peter Gottwald, u. a. Beck Juristischer Verlag (Dezember 2001)

Das Unterhaltsrecht in der familienrichterlichen Praxis. Nachtrag. von Hans-Joachim Dose, u. a. C.H. Beck (September 2001)

Münchener Anwaltshandbuch Familienrecht. Beck Juristischer Verlag (August 2002)

Familienrecht. (Bd. 3) von Peter Gottwald (Editor) Beck, Mchn.

Praxishandbuch Familienrecht. 6. Ergänzungslieferung-am Lager ca. 6 Wochen ab Erscheinen. Beck, Mchn. (Februar 2003)

Praxishandbuch Familienrecht (ohne Fortsetzungsnotierung). Inkl. 6. Ergänzungslieferung. Beck, Mchn. (Februar 2003)

Das Unterhaltsrecht in der familienrichterlichen Praxis. Beck, Mchn.

Familienrecht. von Dieter Schwab Beck, Mchn.

附錄一 民法親屬編

1. 中華民國19年12月26日國民政府制定公布親屬編全文171條；並自中華民國20年5月5日施行

2. 中華民國74年6月3日總統令修正公布第971、977、982、983、985、988、1002、1010、1013、1016～1019、1021、1024、1050、1052、1058～1060、1063、1067、1074、1078～1080、1084、1088、1105、1113、1118、1131、1132、1145、1165、1174、1176～1178、1181、1195、1196、1213、1219～1222條條文暨第三章第五節節名；增訂第979-1、979-2、999-1、1008-1、1030-1、1073-1、1079-1、1079-2、1103-1、1116-1、1176-1、1178-1條條文；並刪除第992、1042、1043、1071條條文暨第二章第四節第三款第二目目名及第1142、1143、1167條條文

3. 中華民國85年9月25日總統令修正公布第999-1、1055、1089條條文；增訂第1055-1、1055-2、1069-1、1116-2條條文；並刪除第1051條條文

4. 中華民國87年6月17日總統令修正公布第983、1000、1002條條文；並刪除第986、987、993、994條條文

5. 中華民國88年4月21日總統令修正公布第1067條條文

6. 中華民國89年1月19日總統令修正公布第1094條條文

7. 中華民國91年6月26日總統令修正公布第1007、1008、1008-1、1010、1017、1018、1022、1023、1030-1、1031～1034、1038、1040、1041、1044、1046、1058條條文；增訂第1003-1、1018-1、1020-1、1020-2、1030-2～1030-4、1031-1條條文；並刪除第1006、1013～1016、1019～1021、1024～1030、1035～1037、1045、1047、1048條條文

8. 中華民國96年5月23日總統號令修正公布第982、988、1030-1、1052、1059、1062、1063、1067、1070、1073～1083、1086、1090條條文；增訂第988-1、1059-1、1076-1、1076-2、1079-3～1079-5、1080-1～1080-3、1083-1、1089-1條條文；刪除第1068條條文；除第982條之規定自公布後一年施行，其餘修正之條文自公布日施行

9. 中華民國97年1月9日總統令修正公布第1052、1120條條文

10.中華民國97年5月23日總統令修正公布第1092～1101、1103、1104、1106～1109、

1110～1113條條文及第二節節名；增訂第1094-1、1099-1、1106-1、1109-1、1109-2、1111-1、1111-2、1112-1、1112-2、1113-1條條文；刪除第1103-1、1105條條文；並自公布後一年六個月施行。

11.中華民國98年4月29日總統令增訂公布第1052-1條條文。

12.中華民國98年12月30日總統令修正公布第1131條及第1133條條文。

13.中華民國99年1月27日總統令增訂公布第1118-1條條文。

14.中華民國99年5月19日總統令修正公布第1059條及第1059-1條條文。

15.中華民國101年12月26日總統令修正公布第1030-1條條文；並刪除第1009、1011條條文。

第一章　通則

第967條　（直系與旁系血親）

稱直系血親者，謂己身所從出或從己身所出之血親。

稱旁系血親者，謂非直系血親，而與己身出於同源之血親。

第968條　（親等之計算）

血親親等之計算，直系血親，從己身上下數，以一世為一親等；旁系血親，從己身數至同源之直系血親，再由同源之直系血親，數至與之計算親等之血親，以其總世數為親等之數。

第969條　（姻親之定義）

稱姻親者，謂血親之配偶、配偶之血親及配偶之血親之配偶。

第970條　（姻親之親系及親等）

姻親之親系及親等之計算如下：

一　血親之配偶，從其配偶之親系及親等。

二　配偶之血親，從其與配偶之親系及親等。

三　配偶之血親之配偶，從其與配偶之親系及親等。

第971條　（姻親關係之消滅）

姻親關係，因離婚而消滅；結婚經撤銷者亦同。

第二章　婚姻

第一節　婚約

第972條　（婚約之要件）

婚約，應由男女當事人自行訂定。

第973條　（婚約之要件）

男未滿17歲，女未滿15歲者，不得訂定婚約。

第974條　（婚約之要件）

未成年人訂定婚約，應得法定代理人之同意。

第975條　（婚約之效力）

婚約，不得請求強迫履行。

第976條　（婚約解除之事由及方法）

婚約當事人之一方，有下列情形之一者，他方得解除婚姻約：

一　婚約訂定後，再與他人訂定婚約或結婚者。

二　故違結婚期約者。

三　生死不明已滿一年者。

四　有重大不治之病者。

五　有花柳病或其他惡疾者。

六　婚約訂定後成為殘廢者。

七　婚約訂定後與人通姦者。

八　婚約訂定後受徒刑之宣告者。

九　有其他重大事由者。

依前項規定解除婚約者，如事實上不能向他方為解除之意思表示時，無須為意思表示，自得為解除時起，不受婚約之拘束。

第977條　（解除婚約之賠償）

依前條之規定，婚約解除時，無過失之一方，得向有過失之他方，請求賠償其因此所受之損害。

前項情形，雖非財產上之損害，受害人亦得請求賠償相當之金額。

前項請求權不得讓與或繼承。但已依契約承諾，或已起訴者，不在此限。

第978條　（違反婚約之損害賠償）

婚約當事人之一方，無第976條之理由而違反婚約者，對於他方因此所受之損害，應負賠償之責。

第979條　（違反婚約之損害賠償）

前條情形，雖非財產上之損害，受害人亦得請求賠償相當之金額。但以受害人無過失者為限。

前項請求權，不得讓與或繼承。但已依契約承諾或已起訴者，不在此限。

第979-1條　（贈與物之返還）

因訂定婚約而為贈與者，婚約無效、解除或撤銷時，當事人之一方，得請求他方返還贈與物。

第979-2條　（贈與物返還請求權之消滅時效）

第977條至第979-1條所規定之請求權，因二年間不行使而消滅。

第二節　結婚

第980條　（結婚之實質要件—結婚年齡）

男未滿18歲者，女未滿16歲者，不得結婚。

第981條　（結婚之實質要件—未成年人結婚之同意）

未成年人結婚，應得法定代理人之同意。

第982條　（結婚之形式要件）

結婚應以書面為之，有二人以上證人之簽名，並應由雙方當事人向戶政機關為結婚之登記。

第983條　（結婚之實質要件—須非一定之親屬）

與下列親屬，不得結婚：

一　直系血親及直系姻親。

二　旁系血親在六親等以內者。但因收養而成立之四親等及六親等旁系血親，輩分相同者，不在此限。

三　旁系姻親在五親等以內，輩分不相同者。

前項直系姻親結婚之限制，於姻親關係消滅後，亦適用之。

第1項直系血親及直系姻親結婚之限制，於因收養而成立之直系親屬間，在收養關係終止後，亦適用之。

第984條　（結婚之實質要件—須無監護關係）

監護人與受監護人，於監護關係存續中，不得結婚。但經受監護人父母之同意者，不在此限。

第985條　（結婚之實質要件—須非重婚）

有配偶者，不得重婚。

一人不得同時與二人以上結婚。

第986條　（刪除）

第987條　（刪除）

第988條　（結婚之無效）

結婚有下列情形之一者，無效：

一　不具備第982條之方式。

二　違反第983條規定。

三　違反第985條規定。但重婚之雙方當事人因善意且無過失信賴一方前
　　婚姻消滅之兩願離婚登記或離婚確定判決而結婚者，不在此限。

第988-1條　（前婚姻視為消滅之效力、賠償及相關規定）

前條第3款但書之情形，前婚姻自後婚姻成立之日起視為消滅。

前婚姻視為消滅之效力，除法律另有規定外，準用離婚之效力。但剩餘
財產已為分配或協議者，仍依原分配或協議定之，不得另行主張。

依第1項規定前婚姻視為消滅者，其剩餘財產差額之分配請求權，自請求
權人知有剩餘財產之差額時起，二年間不行使而消滅。自撤銷兩願離婚
登記或廢棄離婚判決確定時起，逾五年者，亦同。

前婚姻依第1項規定視為消滅者，無過失之前婚配偶得向他方請求賠償。

前項情形，雖非財產上之損害，前婚配偶亦得請求賠償相當之金額。

前項請求權，不得讓與或繼承。但已依契約承諾或已起訴者，不在此
限。

第989條　（結婚之撤銷—未達結婚年齡）

結婚違反第980條之規定者，當事人或其法定代理人得向法院請求撤銷
之。但當事人已達該條所定年齡或已懷胎者，不得請求撤銷。

第990條　（結婚之撤銷—未得同意）

結婚違反第981條之規定者，法定代理人得向法院請求撤銷之。但自知悉
其事實之日起，已逾六個月，或結婚後已逾一年，或已懷胎者，不得請
求撤銷。

第991條　（結婚之撤銷—有監護關係）

結婚違反第984條之規定者，受監護人或其最近親屬得向法院請求撤銷

之。但結婚已逾一年者，不得請求撤銷。

第992條　　（刪除）

第993條　　（刪除）

第994條　　（刪除）

第995條　　（結婚之撤銷－不能人道）

當事人之一方，於結婚時不能人道而不能治者，他方得向法院請求撤銷之。

但自知悉其不能治之時起已逾三年者，不得請求撤銷。

第996條　　（結婚之撤銷－精神不健全）

當事人之一方，於結婚時係在無意識或精神錯亂中者，得於常態回復後六個月內向法院請求撤銷之。

第997條　　（結婚之撤銷－因被詐欺或脅迫）

因被詐欺或被脅迫而結婚者，得於發見詐欺或脅迫終止後，六個月內向法院請求撤銷之。

第998條　　（撤銷之不溯及效力）

結婚撤銷之效力，不溯及既往。

第999條　　（婚姻無效或撤銷之損害賠償）

當事人之一方，因結婚無效或被撤銷而受有損害者，得向他方請求賠償。

但他方無過失者，不在此限。

前項情形，雖非財產上之損害，受害人亦得請求賠償相當之金額，但以受害人無過失者為限。

前項請求權，不得讓與或繼承。但已依契約承諾或已起訴者，不在此限。

第999-1條　（結婚無效或經撤銷準用規定）

第1057條及第1058條之規定，於結婚無效時準用之。

第1055條、第1055-1條、第1055-2條、第1057條及第1058條之規定，於結婚經撤銷時準用之。

第三節　婚姻之普通效力

第1000條　　（夫妻之冠姓）

夫妻各保有其本姓。但得書面約定以其本姓冠以配偶之姓，並向戶政機關登記。

冠姓之一方得隨時回復其本姓。但於同一婚姻關係存續中以一次為限。

第1001條　（夫妻之同居義務）

夫妻互負同居之義務。但有不能同居之正當理由者，不在此限。

第1002條　（夫妻之住所）

夫妻之住所，由雙方共同協議之；未為協議或協議不成時，得聲請法院定之。

法院為前項裁定前，以夫妻共同戶籍地推定為其住所。

第1003條　（日常家務代理權）

夫妻於日常家務，互為代理人。

夫妻之一方濫用前項代理權時，他方得限制之。但不得對抗善意第三人。

第1003-1條　（家庭生活費用之分擔方式）

家庭生活費用，除法律或契約另有約定外，由夫妻各依其經濟能力、家事勞動或其他情事分擔之。

因前項費用所生之債務，由夫妻負連帶責任。

第四節　夫妻財產制

第一款　通則

第1004條　（夫妻財產制契約之訂立一約定財產制之選擇）

夫妻得於結婚前或結婚後，以契約就本法所定之約定財產制中，選擇其一，為其夫妻財產制。

第1005條　（法定財產制之適用）

夫妻未以契約訂立夫妻財產制者，除本法另有規定外，以法定財產制，為其夫妻財產制。

第1006條　（刪除）

第1007條　（夫妻財產制契約之要件一要式契約）

夫妻財產制契約之訂立、變更或廢止，應以書面為之。

第1008條　（夫妻財產制契約之要件一契約之登記）

夫妻財產制契約之訂立、變更或廢止，非經登記，不得以之對抗第三

人。

前項夫妻財產制契約之登記，不影響依其他法律所為財產權登記之效力。

第1項之登記，另以法律定之。

第1008-1條　（除夫妻財產制外，其他約定之方法）

前二條之規定，於有關夫妻財產之其他約定準用之。

第1009條　（刪除）

第1010條　（分別財產制之原因—法院應夫妻一方之聲請而為宣告）

夫妻之一方有下列各款情形之一時，法院因他方之請求，得宣告改用分別財產制：

一　依法應給付家庭生活費用而不給付時。

二　夫或妻之財產不足清償其債務時。

三　依法應得他方同意所為之財產處分，他方無正當理由拒絕同意時。

四　有管理權之一方對於共同財產之管理顯有不當，經他方請求改善而不改善時。

五　因不當減少其婚後財產，而對他方剩餘財產分配請求權有侵害之虞時。

六　有其他重大事由時。

夫妻之總財產不足清償總債務或夫妻難於維持共同生活，不同居已達六個月以上時，前項規定於夫妻均適用之。

第1011條　（刪除）

第1012條　（夫妻財產制之變更廢止）

夫妻於婚姻關係存續中，得以契約廢止其財產契約，或改用他種約定財產制。

第1013條　（刪除）

第1014條　（刪除）

第1015條　（刪除）

第二款　法定財產制

第1016條　（刪除）

第1017條　（婚前財產與婚後財產）

夫或妻之財產分為婚前財產與婚後財產，由夫妻各自所有。不能證明為婚前或婚後財產者，推定為婚後財產；不能證明為夫或妻所有之財產，推定為夫妻共有。

夫或妻婚前財產，於婚姻關係存續中所生之孳息，視為婚後財產。

夫妻以契約訂立夫妻財產制後，於婚姻關係存續中改用法定財產制者，其改用前之財產視為婚前財產。

第1018條　（各自管理財產）

夫或妻各自管理、使用、收益及處分其財產。

第1018-1條　夫妻於家庭生活費用外，得協議一定數額之金錢，供夫或妻自由處分。

第1019條　（刪除）

第1020條　（刪除）

第1020-1條　（婚後剩餘財產之分配）

夫或妻於婚姻關係存續中就其婚後財產所為之無償行為，有害及法定財產制關係消滅後他方之剩餘財產分配請求權者，他方得聲請法院撤銷之。但為履行道德上義務所為之相當贈與，不在此限。

夫或妻於婚姻關係存續中就其婚後財產所為之有償行為，於行為時明知有損於法定財產制關係消滅後他方之剩餘財產分配請求權者，以受益人受益時亦知其情事者為限，他方得聲請法院撤銷之。

第1020-2條　（婚後剩餘財產分配撤銷權之除斥期間）

前條撤銷權，自夫或妻之一方知有撤銷原因時起，六個月間不行使，或自行為時起經過一年而消滅。

第1021條　（刪除）

第1022條　（婚後財產之報告義務）

夫妻就其婚後財產，互負報告之義務。

第1023條　（各自清償債務）

夫妻各自對其債務負清償之責。

夫妻之一方以自己財產清償他方之債務時，雖於婚姻關係存續中，亦得請求償還。

第1024條　（刪除）

第1025條　（刪除）

第1026條　（刪除）

第1027條　（刪除）

第1028條　（刪除）

第1029條　（刪除）

第1030條　（刪除）

第1030-1條　（法定財產制關係消滅時剩餘財產之分配、除外規定及請求權行使之時效）

　　法定財產制關係消滅時，夫或妻現存之婚後財產，扣除婚姻關係存續所負債務後，如有剩餘，其雙方剩餘財產之差額，應平均分配。但下列財產不在此限：

一　因繼承或其他無償取得之財產。

二　慰撫金。

　　依前項規定，平均分配顯失公平者，法院得調整或免除其分配額。

　　第1項請求權，不得讓與或繼承。但已依契約承諾，或已起訴者，不在此限。

　　第1項剩餘財產差額之分配請求權，自請求權人知有剩餘財產之差額時起，二年間不行使而消滅。自法定財產制關係消滅時起，逾五年者，亦同。

第1030-2條　（法定財產制關係消滅時債務之計算）

　　夫或妻之一方以其婚後財產清償其婚前所負債務，或以其婚前財產清償婚姻關係存續中所負債務，除已補償者外，於法定財產制關係消滅時，應分別納入現存之婚後財產或婚姻關係存續中所負債務計算。

　　夫或妻之一方以其前條第1項但書之財產清償婚姻關係存續中其所負債務者，適用前項之規定。

第1030-3條　（法定財產制關係消滅時財產之追加計算）

　　夫或妻為減少他方對於剩餘財產之分配，而於法定財產制關係消滅前五年內處分其婚後財產者，應將該財產追加計算，視為現存之婚後財產。但為履行道德上義務所為之相當贈與，不在此限。

　　前項情形，分配權利人於義務人不足清償其應得之分配額時，得就其不足額，對受領之第三人於其所受利益內請求返還。但受領為有償者，以

顯不相當對價取得者為限。

前項對第三人之請求權，於知悉其分配權利受侵害時起二年間不行使而消滅。自法定財產制關係消滅時起，逾五年者，亦同。

第1030-4條　（婚後財產與追加計算財算之計價基準）

夫妻現存之婚後財產，其價值計算以法定財產制關係消滅時為準。但夫妻因判決而離婚者，以起訴時為準。

依前條應追加計算之婚後財產，其價值計算以處分時為準。

第三款　約定財產制

第一目　共同財產制

第1031條　（共同財產之定義）

夫妻之財產及所得，除特有財產外，合併為共同財產，屬於夫妻公同共有。

第1031-1條　（特有財產之範圍及準用規定）

下列財產為特有財產：

一　專供夫或妻個人使用之物。

二　夫或妻職業上必需之物。

三　夫或妻所受之贈物，經贈與人以書面聲明為其特有財產者。

前項所定之特有財產，適用關於分別財產制之規定。

第1032條　（共同財產之管理）

共同財產，由夫妻共同管理。但約定由一方管理者，從其約定。

共同財產之管理費用，由共同財產負擔。

第1033條　（共同財產之處分）

夫妻之一方，對於共同財產為處分時，應得他方之同意。

前項同意之欠缺，不得對抗第三人。但第三人已知或可得而知其欠缺，或依情形，可認為該財產屬於共同財產者，不在此限。

第1034條　（結婚前或婚關係存續中債務之清償責任）

夫或妻結婚前或婚姻關係存續中所負之債務，應由共同財產，並各就其特有財產負清償責任。

第1035條　（刪除）

第1036條　（刪除）

第1037條　（刪除）

第1038條　（共同財產制之補償請求權）

　　　　　共同財產所負之債務，而以共同財產清償者，不生補償請求權。

　　　　　共同財產之債務，而以特有財產清償，或特有財產之債務，而以共同財
　　　　　產清償者，有補償請求權，雖於婚姻關係存續中，亦得請求。

第1039條　（共同財產制之消滅—因其他原因之消滅）

　　　　　夫妻之一方死亡時，共同財產之半數，歸屬於死亡者之繼承人，其他半
　　　　　數，歸屬於生存之他方。

　　　　　前項財產之分劃，其數額另有約定者，從其約定。

　　　　　第1項情形，如該生存之他方，依法不得為繼承人時，其對於共同財產得
　　　　　請求之數額，不得超過於離婚時所應得之數額。

第1040條　（共有財產制之消滅時財產之取回）

　　　　　共同財產制關係消滅時，除法律另有規定外，夫妻各取回其訂立共同財
　　　　　產制契約時之財產。

　　　　　共同財產制關係存續中取得之共同財產，由夫妻各得其半數。但另有約
　　　　　定者，從其約定。

第1041條　（勞力所得共同財產制）

　　　　　夫妻得以契約訂定僅以勞力所得為限為共同財產。

　　　　　前項勞力所得，指夫或妻於婚姻關係存續中取得之薪資、工資、紅利、
　　　　　獎金及其他與勞力所得有關之財產收入。勞力所得之孳息及代替利益，
　　　　　亦同。

　　　　　不能證明為勞力所得或勞力所得以外財產者，推定為勞力所得。

　　　　　夫或妻勞力所得以外之財產，適用關於分別財產制之規定。

　　　　　第1034條、第1038條及第1040條之規定，於第1項情形準用之。

第二目　（刪除）

第1042條　（刪除）

第1043條　（刪除）

第三目　分別財產制

第1044條　（分別財產制之意義）

　　　　　分別財產，夫妻各保有其財產之所有權，各自管理、使用、收益及處

分。

第1045條　（刪除）

第1046條　（分別財產制債務之清償）

分別財產制有關夫妻債務之清償，適用第1023條之規定。

第1047條　（刪除）

第1048條　（刪除）

第五節　離婚

第1049條　（兩願離婚）

夫妻兩願離婚者，得自行離婚。但未成年人，應得法定代理人之同意。

第1050條　（離婚之要式性）

兩願離婚，應以書面為之，有二人以上證人之簽名並應向戶政機關為離婚之登記。

第1051條　（刪除）

第1052條　（裁判離婚之原因）

夫妻之一方，有下列情形之一者，他方得向法院請求離婚：

一　重婚。

二　與配偶以外之人合意性交。

三　夫妻之一方受他方不堪同居之虐待。

四　夫妻之一方對他方之直系親屬為虐待，或夫妻一方之直系親屬對他方為虐待，致不堪為共同生活。

五　夫妻一方已惡意遺棄他方在繼續狀態中。

六　夫妻一方意圖殺害他方。

七　有不治之惡疾。

八　有重大不治之精神病。

九　生死不明已逾三年。

十　因故意犯罪，經判處有期徒刑逾六個月確定。

有前項以外之重大事由，難以維持婚姻者，夫妻一方得請求離婚。但其事由應由夫妻一方負責者，僅他方得請求離婚。

第1052-1條　（法院調解或和解離婚之效力）

離婚經法院調解或法院和解成立者，婚姻關係消滅。法院應依職權通知

該管戶政機關。

第1053條　（裁判離婚之限制）

對於前條第1款、第1款之情事,有請求權之一方,於事前同意或事後宥恕,或知悉後已逾六個月,或自其情事發生後已逾二年者,不得請求離婚。

第1054條　（裁判離婚之限制）

對於第1052條第6款及第10款之情事,有請求權之一方,自知悉後已逾一年,或自其情事發生後已逾五年者,不得請求離婚。

第1055條　（離婚未成年子女保護教養之權義及變更）

夫妻離婚者,對於未成年子女權利義務之行使或負擔,依協議由一方或雙方共同任之。未為協議或協議不成者,法院得依夫妻之一方、主管機關、社會福利機構或其他利害關係人之請求或依職權酌定之。

前項協議不利於子女者,法院得依主管機關、社會福利機構或其他利害關係人之請求或依職權為子女之利益改定之。

行使、負擔權利義務之一方未盡保護教養之義務或對未成年子女有不利之情事者,他方、未成年子女、主管機關、社會福利機構或其他利害關係人得為子女之利益,請求法院改定之。

前三項情形,法院得依請求或依職權,為子女之利益酌定權利義務行使負擔之內容及方法。

法院得依請求或依職權,為未行使或負擔權利義務之一方酌定其與未成年子女會面交往之方式及期間。但其會面交往有妨害子女之利益者,法院得依請求或依職權變更之。

第1055-1條　（裁判離婚子女之監護（一））

法院為前條裁判時,應依子女之最佳利益,審酌一切情狀,參考社工人員之訪視報告,尤應注意下列事項:

一　子女之年齡、性別、人數及健康情形。

二　子女之意願及人格發展之需要。

三　父母之年齡、職業、品行、健康情形、經濟能力及生活狀況。

四　父母保護教養子女之意願及態度。

五　父母子女間或未成年子女與其他共同生活之人間之感情狀況。

第1055-2條　（裁判離婚子女之監護（二））

　　　　　　父母均不適合行使權利時，法院應依子女之最佳利益並審酌前條各款事項，選定適當之人為子女之監護人，並指定監護之方法、命其父母負擔扶養費用及其方式。

第1056條　（損害賠償）

　　　　　　夫妻之一方，因判決離婚而受有損害者，得向有過失之他方，請求賠償。

　　　　　　前項情形，雖非財產上之損害，受害人亦得請求賠償相當之金額。但以受害人無過失者為限。

　　　　　　前項請求權，不得讓與或繼承。但已依契約承諾或已起訴者，不在此限。

第1057條　（贍養費）

　　　　　　夫妻無過失之一方，因判決離婚而陷於生活困難者，他方縱無過失，亦應給與相當之贍養費。

第1058條　（財產之取回）

　　　　　　夫妻離婚時，除採用分別財產制者外，各自取回其結婚或變更夫妻財產制時之財產。如有剩餘，各依其夫妻財產制之規定分配之。

第三章　父母子女

第1059條　（子女之姓）

　　　　　　父母於子女出生登記前，應以書面約定子女從父姓或母姓。未約定或約定不成者，於戶政事務所抽籤決定之。

　　　　　　子女經出生登記後，於未成年前，得由父母以書面約定變更為父姓或母姓。

　　　　　　子女已成年者，得變更為父姓或母姓。

　　　　　　前二項之變更，各以一次為限。

　　　　　　有下列各款情形之一，法院得依父母之一方或子女之請求，為子女之利益，宣告變更子女之姓氏為父姓或母姓：

　　　　　　一　父母離婚者。

　　　　　　二　父母之一方或雙方死亡者。

　　　　　　三　父母之一方或雙方生死不明滿三年者。

　　　　四　父母之一方顯有未盡保護或教養義務之情事者。

第1059-1條　（非婚生子女之姓）

　　　　非婚生子女從母姓。經生父認領者，適用前條第二項至第四項之規定。

　　　　非婚生子女經生父認領，而有下列各款情形之一，法院得依父母之一方
　　　　或子女之請求，為子女之利益，宣告變更子女之姓氏為父姓或母姓：

　　　　一　父母之一方或雙方死亡者。

　　　　二　父母之一方或雙方生死不明滿三年者。

　　　　三　子女之姓氏與任權利義務行使或負擔之父或母不一致者。

　　　　四　父母之一方顯有未盡保護或教養義務之情事者。

第1060條　（未成年子女之住所）

　　　　未成年之子女，以其父母之住所為住所。

第1061條　（婚生子女之定義）

　　　　稱婚生子女者，謂由婚姻關係受胎而生之子女。

第1062條　（受胎期間）

　　　　從子女出生日回溯第一百八十一日起至第三百零二日止，為受胎期間。

　　　　能證明受胎回溯在前項第一百八十一日以內或第三百零二日以前者，以
　　　　其期間為受胎期間。

第1063條　（婚生子女之推定及否認）

　　　　妻之受胎，係在婚姻關係存續中者，推定其所生子女為婚生子女。

　　　　前項推定，夫妻之一方或子女能證明子女非為婚生子女者，得提起否認
　　　　之訴。

　　　　前項否認之訴，夫妻之一方自知悉該子女非為婚生子女，或子女自知悉
　　　　其非為婚生子女之時起二年內為之。但子女於未成年時知悉者，仍得於
　　　　成年後二年內為之。

第1064條　（準正）

　　　　非婚生子女，其生父與生母結婚者，視為婚生子女。

第1065條　（認領之效力及認領之擬制及非婚生子女與生母之關係）

　　　　非婚生子女經生父認領者，視為婚生子女。其經生父撫育者，視為認
　　　　領。

　　　　非婚生子女與其生母之關係，視為婚生子女，無須認領。

第1066條　（認領之否認）

非婚生子女或其生母，對於生父之認領，得否認之。

第1067條　（認領之請求）

有事實足認其為非婚生子女之生父者，非婚生子女或其生母或其他法定代理人，得向生父提起認領之訴。

前項認領之訴，於生父死亡後，得向生父之繼承人為之。生父無繼承人者，得向社會福利主管機關為之。

第1068條　（刪除）

第1069條　（認領之效力－溯及效力）

非婚生子女認領之效力，溯及於出生時。但第三人已得之權利，不因此而受影響。

第1069-1條　（認領非婚生未成年子女權義之準用規定）

非婚生子女經認領者，關於未成年子女權利義務之行使或負擔，準用第1055條、第1055-1條及第1055-2條之規定。

第1070條　（認領之效力－絕對效力）

生父認領非婚生子女後，不得撤銷其認領。但有事實足認其非生父者，不在此限。

第1071條　（刪除）

第1072條　（收養之定義）

收養他人之子女為子女時，其收養者為養父或養母，被收養者為養子或養女。

第1073條　（收養要件－年齡）

收養者之年齡，應長於被收養者20歲以上。但夫妻共同收養時，夫妻之一方長於被收養者20歲以上，而他方僅長於被收養者16歲以上，亦得收養。

夫妻之一方收養他方之子女時，應長於被收養者16歲以上。

第1073-1條　（不得收養為養子女之親屬）

下列親屬不得收養為養子女：

一　直系血親。

二　直系姻親。但夫妻之一方，收養他方之子女者，不在此限。

三　旁系血親在六親等以內及旁系姻親在五親等以內，輩分不相當者。

第1074條　（夫妻應為共同收養）

夫妻收養子女時，應共同為之。但有下列各款情形之一者，得單獨收養：

一　夫妻之一方收養他方之子女。

二　夫妻之一方不能為意思表示或生死不明已逾三年。

第1075條　（同時為二人養子女之禁止）

除夫妻共同收養外，一人不得同時為二人之養子女。

第1076條　（被收養人配偶之同意）

夫妻之一方被收養時，應得他方之同意。但他方不能為意思表示或生死不明已逾三年者，不在此限。

第1076-1條　（子女被收養應得父母之同意）

子女被收養時，應得其父母之同意。但有下列各款情形之一者，不在此限：

一　父母之一方或雙方對子女未盡保護教養義務或有其他顯然不利子女之情事而拒絕同意。

二　父母之一方或雙方事實上不能為意思表示。

前項同意應作成書面並經公證。但已向法院聲請收養認可者，得以言詞向法院表示並記明筆錄代之。

第1項之同意，不得附條件或期限。

第1076-2條　（未滿7歲及滿7歲之被收養者應得其法定代理人之同意）

被收養者未滿7歲時，應由其法定代理人代為並代受意思表示。

滿7歲以上之未成年人被收養時，應得其法定代理人之同意。

被收養者之父母已依前二項規定以法定代理人之身分代為並代受意思表示或為同意時，得免依前條規定為同意。

第1077條　（收養之效力—養父母子女之關係）

養子女與養父母及其親屬間之關係，除法律另有規定外，與婚生子女同。

養子女與本生父母及其親屬間之權利義務，於收養關係存續中停止之。但夫妻之一方收養他方之子女時，他方與其子女之權利義務，不因收養

而受影響。

收養者收養子女後，與養子女之本生父或母結婚時，養子女回復與本生父或母及其親屬間之權利義務。但第三人已取得之權利，不受影響。

養子女於收養認可時已有直系血親卑親屬者，收養之效力僅及於其未成年且未結婚之直系血親卑親屬。但收養認可前，其已成年或已結婚之直系血親卑親屬表示同意者，不在此限。

前項同意，準用第1076-1條第2項及第3項之規定。

第1078條　（收養之效力一養子女之姓氏）

養子女從收養者之姓或維持原來之姓。

夫妻共同收養子女時，於收養登記前，應以書面約定養子女從養父姓、養母姓或維持原來之姓。

第1059條第2項至第5項之規定，於收養之情形準用之。

第1079條　（收養之方法）

收養應以書面為之，並向法院聲請認可。

收養有無效、得撤銷之原因或違反其他法律規定者，法院應不予認可。

第1079-1條　（收養之無效）

法院為未成年人被收養之認可時，應依養子女最佳利益為之。

第1079-2條　（收養之撤銷及其行使期間）

被收養者為成年人而有下列各款情形之一者，法院應不予收養之認可：

一　意圖以收養免除法定義務。

二　依其情形，足認收養於其本生父母不利。

三　有其他重大事由，足認違反收養目的。

第1079-3條　（收養之生效時點）

收養自法院認可裁定確定時，溯及於收養契約成立時發生效力。但第三人已取得之權利，不受影響。

第1079-4條　（收養之無效）

收養子女，違反第1073條、第1073-1條、第1075條、第1076-1條、第1076-2條第1項或第1079條第1項之規定者，無效。

第1079-5條　（收養之撤銷及其行使期間）

收養子女，違反第1074條之規定者，收養者之配偶得請求法院撤銷之。

但自知悉其事實之日起，已逾六個月，或自法院認可之日起已逾一年者，不得請求撤銷。

收養子女，違反第1076條或第1076-2條第2項之規定者，被收養者之配偶或法定代理人得請求法院撤銷之。但自知悉其事實之日起，已逾六個月，或自法院認可之日起已逾一年者，不得請求撤銷。

依前二項之規定，經法院判決撤銷收養者，準用第1082條及第1083條之規定。

第1080條 （收養之終止─合意終止）

養父母與養子女之關係，得由雙方合意終止之。

前項終止，應以書面為之。養子女為未成年人者，並應向法院聲請認可。

法院依前項規定為認可時，應依養子女最佳利益為之。

養子女為未成年人者，終止收養自法院認可裁定確定時發生效力。

養子女未滿7歲者，其終止收養關係之意思表示，由收養終止後為其法定代理人之人為之。

養子女為滿7歲以上之未成年人者，其終止收養關係，應得收養終止後為其法定代理人之人之同意。

夫妻共同收養子女者，其合意終止收養應共同為之。但有下列情形之一者，得單獨終止：

一　夫妻之一方不能為意思表示或生死不明已逾三年。

二　夫妻之一方於收養後死亡。

三　夫妻離婚。

夫妻之一方依前項但書規定單獨終止收養者，其效力不及於他方。

第1080-1條 （收養之終止─聲請法院許可）

養父母死亡後，養子女得聲請法院許可終止收養。

養子女未滿七歲者，由收養終止後為其法定代理人之人向法院聲請許可。

養子女為滿七歲以上之未成年人者，其終止收養之聲請，應得收養終止後為其法定代理人之人之同意。

法院認終止收養顯失公平者，得不許可之。

第1080-2條　（收養之終止－無效）

　　　　終止收養，違反第1080條第2項、第5項或第1080-1條第2項規定者，無效。

第1080-3條　（收養之終止－撤銷）

　　　　終止收養，違反第1080條第7項之規定者，終止收養者之配偶得請求法院撤銷之。但自知悉其事實之日起，已逾六個月，或自法院認可之日起已逾一年者，不得請求撤銷。

　　　　終止收養，違反第1080條第6項或第1080-1條第3項之規定者，終止收養後被收養者之法定代理人得請求法院撤銷之。但自知悉其事實之日起，已逾六個月，或自法院許可之日起已逾一年者，不得請求撤銷。

第1081條　（收養之終止－判決終止）

　　　　養父母、養子女之一方，有下列各款情形之一者，法院得依他方、主管機關或利害關係人之請求，宣告終止其收養關係：

　　　一　對於他方為虐待或重大侮辱。

　　　二　遺棄他方。

　　　三　因故意犯罪，受二年有期徒刑以上之刑之裁判確定而未受緩刑宣告。

　　　四　有其他重大事由難以維持收養關係。

　　　　養子女為未成年人者，法院宣告終止收養關係時，應依養子女最佳利益為之。

第1082條　（終止之效果－給與金額之請求）

　　　　因收養關係終止而生活陷於困難者，得請求他方給與相當之金額。但其請求顯失公平者，得減輕或免除之。

第1083條　（終止之效果－復姓）

　　　　養子女及收養效力所及之直系血親卑親屬，自收養關係終止時起，回復其本姓，並回復其與本生父母及其親屬間之權利義務。但第三人已取得之權利，不受影響。

第1083-1條　（準用規定）

　　　　法院依第1059條第5項、第1059-1條第2項、第1078條第3項、第1079-1條、第1080條第3項或第1081條第2項規定為裁判時，準用第1055-1條之

規定。

第1084條　（親權─孝親、保護及教養）

子女應孝敬父母。

父母對於未成年之子女，有保護及教養之權利義務。

第1085條　（親權─懲戒）

父母得於必要範圍內懲戒其子女。

第1086條　（親權─代理）

父母為其未成年子女之法定代理人。

父母之行為與未成年子女之利益相反，依法不得代理時，法院得依父母、未成年子女、主管機關、社會福利機構或其他利害關係人之聲請或依職權，為子女選任特別代理人。

第1087條　（子女之特有財產）

未成年子女，因繼承、贈與或其他無償取得之財產，為其特有財產。

第1088條　（親權─子女特有財產之管理）

未成年子女之特有財產，由父母共同管理。

父母對於未成年子女之特有財產，有使用、收益之權。但非為子女之利益，不得處分之。

第1089條　（裁判未成年子女權義之行使及變更）

對於未成年子女之權利義務，除法律另有規定外，由父母共同行使或負擔之。父母之一方不能行使權利時，由他方行使之。父母不能共同負擔義務時，由有能力者負擔之。

父母對於未成年子女重大事項權利之行使意思不一致時，得請求法院依子女之最佳利益酌定之。

法院為前項裁判前，應聽取未成年子女、主管機關或社會福利機構之意見。

第1089-1條　（未成年子女權義之行使或負擔準用規定）

父母不繼續共同生活達六個月以上時，關於未成年子女權利義務之行使或負擔，準用第1055條、第1055-1條及第1055-2條之規定。但父母有不能同居之正當理由或法律另有規定者，不在此限。

第1090條　（親權濫用之禁止）

父母之一方濫用其對於子女之權利時，法院得依他方、未成年子女、主管機關、社會福利機構或其他利害關係人之請求或依職權，為子女之利益，宣告停止其權利之全部或一部。

第四章　監護

第一節　未成年人之監護

第1091條　（監護人之設置）

未成年人無父母，或父母均不能行使、負擔對於其未成年子女之權利、義務時，應置監護人。但未成年人已結婚者，不在此限。

第1092條　（委託監護人）

父母對其未成年之子女，得因特定事項，於一定期限內，以書面委託他人行使監護之職務。

第1093條　（遺囑指定監護人）

最後行使、負擔對於未成年子女之權利、義務之父或母，得以遺囑指定監護人。

前項遺囑指定之監護人，應於知悉其為監護人後十五日內，將姓名、住所報告法院；其遺囑未指定會同開具財產清冊之人者，並應申請當地直轄市、縣（市）政府指派人員會同開具財產清冊。

於前項期限內，監護人未向法院報告者，視為拒絕就職。

第1094條　（法定監護人）

父母均不能行使、負擔對於未成年子女之權利義務或父母死亡而無遺囑指定監護人，或遺囑指定之監護人拒絕就職時，依下列順序定其監護人：

一　與未成年人同居之祖父母。

二　與未成年人同居之兄姊。

三　不與未成年人同居之祖父母。

前項監護人，應於知悉其為監護人後十五日內，將姓名、住所報告法院，並應申請當地直轄市、縣（市）政府指派人員會同開具財產清冊。

未能依第一項之順序定其監護人時，法院得依未成年子女、四親等內之親屬、檢察官、主管機關或其他利害關係人之聲請，為未成年子女之最佳利益，就其三親等旁系血親尊親屬、主管機關、社會福利機構或其他

適當之人選定為監護人,並得指定監護之方法。

法院依前項選定監護人或依第一千一百零六條及第一千一百零六條之一另行選定或改定監護人時,應同時指定會同開具財產清冊之人。

未成年人無第一項之監護人,於法院依第三項為其選定確定前,由當地社會福利主管機關為其監護人。

第1094-1條　(法院選定或改定監護人應注意事項)

法院選定或改定監護人時,應依受監護人之最佳利益,審酌一切情狀,尤應注意下列事項:

一　受監護人之年齡、性別、意願、健康情形及人格發展需要。

二　監護人之年齡、職業、品行、意願、態度、健康情形、經濟能力、生活狀況及有無犯罪前科紀錄。

三　監護人與受監護人間或受監護人與其他共同生活之人間之情感及利害關係。

四　法人為監護人時,其事業之種類與內容,法人及其代表人與受監護人之利害關係。

第1095條　(監護人之辭職)

監護人有正當理由,經法院許可者,得辭任其職務。

第1096條　(監護人資格之限制)

有下列情形之一者,不得為監護人:

一　未成年。

二　受監護或輔助宣告尚未撤銷。

三　受破產宣告尚未復權。

四　失蹤。

第1097條　(監護人之職務)

除另有規定外,監護人於保護、增進受監護人利益之範圍內,行使、負擔父母對於未成年子女之權利、義務。但由父母暫時委託者,以所委託之職務為限。

監護人有數人,對於受監護人重大事項權利之行使意思不一致時,得聲請法院依受監護人之最佳利益,酌定由其中一監護人行使之。

法院為前項裁判前,應聽取受監護人、主管機關或社會福利機構之意

見。

第1098條　（監護人之法定代理權）

監護人於監護權限內，為受監護人之法定代理人。

監護人之行為與受監護人之利益相反或依法不得代理時，法院得因監護人、受監護人、主管機關、社會福利機構或其他利害關係人之聲請或依職權，為受監護人選任特別代理人。

第1099條　（監護人對受監護人財產之權義－開具財產清冊）

監護開始時，監護人對於受監護人之財產，應依規定會同遺囑指定、當地直轄市、縣（市）政府指派或法院指定之人，於二個月內開具財產清冊，並陳報法院。

前項期間，法院得依監護人之聲請，於必要時延長之。

第1099-1條　（監護人對受監護人之財產僅得為管理上必要行為）

於前條之財產清冊開具完成並陳報法院前，監護人對於受監護人之財產，僅得為管理上必要之行為。

第1100條　（監護人對受監護人財產之權義－管理權及注意義務）

監護人應以善良管理人之注意，執行監護職務。

第1101條　（監護人對受監護人財產之權義－限制）

監護人對於受監護人之財產，非為受監護人之利益，不得使用、代為或同意處分。

監護人為下列行為，非經法院許可，不生效力：

一　代理受監護人購置或處分不動產。

二　代理受監護人，就供其居住之建築物或其基地出租、供他人使用或終止租賃。

監護人不得以受監護人之財產為投資。但購買公債、國庫券、中央銀行儲蓄券、金融債券、可轉讓定期存單、金融機構承兌匯票或保證商業本票，不在此限。

第1102條　（監護人對受監護人財產之權義－受讓之禁止）

監護人不得受讓受監護人之財產。

第1103條　（監護人對受監護人財產之權義－財產狀況之報告）

受監護人之財產，由監護人管理。執行監護職務之必要費用，由受監護

人之財產負擔。

法院於必要時，得命監護人提出監護事務之報告、財產清冊或結算書，檢查監護事務或受監護人之財產狀況。

第1103-1條 （刪除）

第1104條 （監護人之報酬請求權）

監護人得請求報酬，其數額由法院按其勞力及受監護人之資力酌定之。

第1005條 （刪除）

第1106條 （監護人之撤退）

監護人有下列情形之一，且受監護人無第一千零九十四條第一項之監護人者，法院得依受監護人、第一千零九十四條第三項聲請權人之聲請或依職權，另行選定適當之監護人：

一 死亡。

二 經法院許可辭任。

三 有第一千零九十六條各款情形之一。

法院另行選定監護人確定前，由當地社會福利主管機關為其監護人。

第1106-1條 （改定監護人之聲請）

有事實足認監護人不符受監護人之最佳利益，或有顯不適任之情事者，法院得依前條第一項聲請權人之聲請，改定適當之監護人，不受第一千零九十四條第一項規定之限制。

法院於改定監護人確定前，得先行宣告停止原監護人之監護權，並由當地社會福利主管機關為其監護人。

第1107條 （監護終止時受監護人財產之清算）

監護人變更時，原監護人應即將受監護人之財產移交於新監護人。

受監護之原因消滅時，原監護人應即將受監護人之財產交還於受監護人；如受監護人死亡時，交還於其繼承人。

前二項情形，原監護人應於監護關係終止時起二個月內，為受監護人財產之結算，作成結算書，送交新監護人、受監護人或其繼承人。

新監護人、受監護人或其繼承人對於前項結算書未為承認前，原監護人不得免其責任。

第1108條 （清算義務之繼承）

監護人死亡時，前條移交及結算，由其繼承人為之；其無繼承人或繼承人有無不明者，由新監護人逕行辦理結算，連同依第一千零九十九條規定開具之財產清冊陳報法院。

第1109條　（監護人賠償責任之短期時效）

監護人於執行監護職務時，因故意或過失，致生損害於受監護人者，應負賠償之責。

前項賠償請求權，自監護關係消滅之日起，五年間不行使而消滅；如有新監護人者，其期間自新監護人就職之日起算。

第1109-1條　（監護事件依職權囑託戶政機關登記）

法院於選定監護人、許可監護人辭任及另行選定或改定監護人時，應依職權囑託該管戶政機關登記。

第1109-2條　（未成年人受監護宣告之適用規定）

未成年人依第十四條受監護之宣告者，適用本章第二節成年人監護之規定。

第二節　成年人之監護及輔助

第1110條　（監護人之設置）

受監護宣告之人應置監護人。

第1111條　（監護人之順序及選定）

法院為監護之宣告時，應依職權就配偶、四親等內之親屬、最近一年有同居事實之其他親屬、主管機關、社會福利機構或其他適當之人選定一人或數人為監護人，並同時指定會同開具財產清冊之人。

法院為前項選定及指定前，得命主管機關或社會福利機構進行訪視，提出調查報告及建議。監護之聲請人或利害關係人亦得提出相關資料或證據，供法院斟酌。

第1111-1條　（選定監護人之注意事項）

法院選定監護人時，應依受監護宣告之人之最佳利益，優先考量受監護宣告之人之意見，審酌一切情狀，並注意下列事項：

一　受監護宣告之人之身心狀態與生活及財產狀況。

二　受監護宣告之人與其配偶、子女或其他共同生活之人間之情感狀況。

　　　三　監護人之職業、經歷、意見及其與受監護宣告之人之利害關係。

　　　四　法人為監護人時，其事業之種類與內容，法人及其代表人與受監護宣告之人之利害關係。

第1111-2條　（監護人之資格限制）

　　照護受監護宣告之人之法人或機構及其代表人、負責人，或與該法人或機構有僱傭、委任或其他類似關係之人，不得為該受監護宣告之人之監護人。

第1112條　（監護人之職務）

　　監護人於執行有關受監護人之生活、護養療治及財產管理之職務時，應尊重受監護人之意思，並考量其身心狀態與生活狀況。

第1112-1條　（成年監護之監護人為數人時執行監護職務之方式）

　　法院選定數人為監護人時，得依職權指定其共同或分別執行職務之範圍。

　　法院得因監護人、受監護人、第十四條第一項聲請權人之聲請，撤銷或變更前項之指定。

第1112-2條　（監護事件依職權囑託戶政機關登記）

　　法院為監護之宣告、撤銷監護之宣告、選定監護人、許可監護人辭任及另行選定或改定監護人時，應依職權囑託該管戶政機關登記。

第1113條　（未成年人監護規定之準用）

　　成年人之監護，除本節有規定者外，準用關於未成年人監護之規定。

第1113-1條　（輔助人之設置）

　　受輔助宣告之人，應置輔助人。

　　輔助人及有關輔助之職務，準用第1095條、第1096條、第1098條第2項、第1100條、第1102條、第1103條第2項、第1104條、第1106條、第1106條之1、第1109條、第1111條至第1111條之2、第1112條之1及第1112條之2之規定。

第五章　扶養

第1114條　（互負扶養義務之親屬）

　　下列親屬，互負扶養之義務：

　　　一　直系血親相互間。

　　二　夫妻之一方與他方之父母同居者，其相互間。

　　三　兄弟姊妹相互間。

　　四　家長家屬相互間。

第1115條　（扶養義務人之順序）

　　負扶養義務者有數人時，應依下列順序定其履行義務之人：

　　一　直系血親卑親屬。

　　二　直系血親尊親屬。

　　三　家長。

　　四　兄弟姊妹。

　　五　家屬。

　　六　子婦、女婿。

　　七　夫妻之父母。

　　同係直系尊親屬或直系卑親屬者，以親等近者為先。

　　負扶養義務者有數人而其親等同一時，應各依其經濟能力，分擔義務。

第1116條　（扶養權利人之順序）

　　受扶養權利者有數人，而負扶養義務者之經濟能力，不足扶養其全體時，依下列順序定其受扶養之人：

　　一　直系血親尊親屬。

　　二　直系血親卑親屬。

　　三　家屬。

　　四　兄弟姊妹。

　　五　家長。

　　六　夫妻之父母。

　　七　子婦、女婿。

　　同係直系尊親屬或直系卑親屬者，以親等近者為先。

　　受扶養權利者有數人而其親等同一時，應按其需要之狀況，酌為扶養。

第1116-1條　（夫妻與其他人扶養權利義務之順位）

　　夫妻互負扶養之義務，其負扶養義務之順序與直系血親卑親屬同，其受扶養權利之順序與直系血親尊親屬同。

第1116-2條　（結婚經撤銷或離婚子女之扶養義務）

父母對於未成年子女之扶養義務，不因結婚經撤銷或離婚而受影響。

第1117條　（受扶養之要件）

受扶養權利者，以不能維持生活而無謀生能力者為限。

前項無謀生能力之限制，於直系血親尊親屬，不適用之。

第1118條　（扶養義務之免除）

因負擔扶養義務而不能維持自己生活者，免除其義務。但受扶養權利者為直系血親尊親屬或配偶時，減輕其義務。

第1118-1條　（減輕或免除扶養義務之情形）

受扶養權利者有下列情形之一，由負扶養義務者負擔扶養義務顯失公平，負扶養義務者得請求法院減輕其扶養義務：

一　對負扶養義務者、其配偶或直系血親故意為虐待、重大侮辱或其他身體、精神上之不法侵害行為。

二　對負扶養義務者無正當理由未盡扶養義務。

受扶養權利者對負扶養義務者有前項各款行為之一，且情節重大者，法院得免除其扶養義務。

前二項規定，受扶養權利者為負扶養義務者之未成年直系血親卑親屬者，不適用之。

第1119條　（扶養程序）

扶養之程度，應按受扶養權利者之需要與負扶養義務者之經濟能力及身分定之。

第1120條　（扶養方法之決定）

扶養之方法，由當事人協議定之；不能協議時，由親屬會議定之。但扶養費之給付，當事人不能協議時，由法院定之。

第1121條　（扶養程度及方法之變更）

扶養之程度及方法，當事人得因情事之變更，請求變更之。

第六章　家

第1122條　（家之定義）

稱家者，謂以永久共同生活為目的而同居之親屬團體。

第1123條　（家長與家屬）

家置家長。

同家之人，除家長外，均為家屬。

雖非親屬，而以永久共同生活為目的同居一家者，視為家屬。

第1124條　（家長之選定）

家長由親屬團體中推定之；無推定時，以家中之最尊輩者為之；尊輩同者，以年長者為之；最尊或最長者不能或不願管理家務時，由其指定家屬一人代理之。

第1125條　（管理家務之注意義務）

家務由家長管理。但家長得以家務之一部，委託家屬處理。

第1126條　（管理家務之注意義務）

家長管理家務，應注意於家屬全體之利益。

第1127條　（家屬之分離－請求分離）

家屬已成年或雖未成年而已結婚者，得請求由家分離。

第1128條　（家屬之分離－命令分離）

家長對於已成年或雖未成年而已結婚之家屬，得令其由家分離。但以有正當理由時為限。

第七章　親屬會議

第1129條　（召集人）

依本法之規定應開親屬會議時，由當事人、法定代理人或其他利害關係人召集之。

第1130條　（親屬會議組織）

親屬會議，以會員五人組織之。

第1131條　（親屬會議會員之選定順序）

親屬會議會員，應就未成年人、受監護宣告之人或被繼承人之下列親屬與順序定之：

一　直系血親尊親屬。

二　三親等內旁系血親尊親屬。

三　四親等內之同輩血親。

前項同一順序之人，以親等近者為先；親等同者，以同居親屬為先，無同居親屬者，以年長者為先。

依前二項順序所定之親屬會議會員，不能出席會議或難於出席時，由次

順序之親屬充任之。

第1132條　（指定會員）

無前條規定之親屬，或親屬不足法定人數時，法院得因有召集權人之聲請，於其他親屬中指定之。

親屬會議不能召開或召開有困難時，依法應經親屬會議處理之事項，由有召集權人聲請法院處理之。親屬會議經召開而不為或不能決議時，亦同。

第1133條　（會員資格之限制）

監護人、未成年人及受監護宣告之人，不得為親屬會議會員。

第1134條　（會員辭職之限制）

依法應為親屬會議會員之人，非有正當理由，不得辭其職務。

第1135條　（會議之召開及決議）

親屬會議，非有三人以上之出席，不得開會；非有出席會員過半數之同意，不得為決議。

第1136條　（決議之限制）

親屬會議會員，於所議事件有個人利害關係者，不得加入決議。

第1137條　（不服決議之聲訴）

第1129條所定有召集權之人，對於親屬會議之決議有不服者，得於三個月內向法院聲訴。

附錄二　民法親屬編施行法

1. 中華民國20年1月24日國民政府制定公布全文15條；並自中華民國20年5月5日施行
2. 中華民國74年6月3日總統令修正公布第1～4、6、8、10、12～15條條文
3. 中華民國85年9月25日總統令增訂公布第6-1條條文
4. 中華民國89年2月2日總統令增訂公布第14-1條條文
5. 中華民國91年6月26日總統令增訂公布第6-2條條文
6. 中華民國96年5月23日總統令增訂公布第4-1、8-1條條文
7. 中華民國97年5月23日總統令修正公布第15條條文；並增訂第14-2、14-3條條文
8. 中華民國98年12月30日總統令修正公布第15條條文

第1條　　　（不溯及既往之原則）

關於親屬之事件，在民法親屬編施行前發生者，除本施行法有特別規定外，不適用民法親屬編之規定；其在修正前發生者，除本施行法有特別規定外，亦不適用修正後之規定。

第2條　　　（消滅時效之特別規定）

民法親屬編施行前，依民法親屬編之規定消滅時效業已完成，或其時效期間尚有殘餘不足一年者，得於施行之日起一年內行使請求權。但自其時效完成後，至民法親屬編施行時，已逾民法親屬編所定時效期間二分之一者，不在此限。

前項規定，於依民法親屬編修正後規定之消滅時效業已完成，或其時效期間尚有殘餘不足一年者，準用之。

第3條　　　（無時效性質之法定期間之準用）

前條之規定，於民法親屬編修正前或修正後所定無時效性質之法定期間準用之。但其法定期間不滿一年者，如在施行時或修正時尚未屆滿，其期間自施行或修正之日起算。

第4條　　　（婚約規定之適用）

民法親屬編關於婚約之規定，除第973條外，於民法親屬編施行前所訂之婚約亦適用之。

修正之民法第977條第2項及第3項之規定，於民法親屬編修正前所訂之婚約並適用之。

第4-1條　（重婚規定之適用）

中華民國96年5月4日修正之民法第982條之規定，自公布後一年施行。

修正之民法第988條之規定，於民法修正前重婚者，仍有適用。

第5條　（再婚期間計算之特別規定）

民法第987條所規定之再婚期間，雖其婚姻關係在民法親屬編施行前消滅者，亦自婚姻關係消滅時起算。

第6條　（夫妻財產制之適用）

民法親屬編施行前已結婚者，除得適用民法第1004條之規定外，並得以民法親屬編所定之法定財產制為其約定財產制。

修正之民法第1010條之規定，於民法親屬編施行後修正前已結婚者，亦適用之。其第5款所定之期間，在修正前已屆滿者，其期間為屆滿，未屆滿者，以修正前已經過之期間與修正後之期間合併計算。

第6-1條　（夫妻聯合財產制之適用）

中華民國74年6月4日以前結婚，並適用聯合財產制之夫妻，於婚姻關係存續中以妻之名義在同日以前取得不動產，而有下列情形之一者，於本施行法中華民國85年9月6日修正生效一年後，適用中華民國74年民法親屬編修正後之第1017條規定：

一　婚姻關係尚存續中且該不動產仍以妻之名義登記者。

二　夫妻已離婚而該不動產仍以妻之名義登記者。

第6-2條　（婚前財產與婚後財產之適用）

中華民國91年民法親屬編修正前適用聯合財產制之夫妻，其特有財產或結婚時之原有財產，於修正施行後視為夫或妻之婚前財產；婚姻關係存續中取得之原有財產，於修正施行後視為夫或妻之婚後財產。

第7條　（裁判離婚規定之適用）

民法親屬編施行前所發生之事實，而依民法親屬編之規定得為離婚之原因者，得請求離婚。但已逾民法第1053條或第1054條所定之期間者，不在此限。

第8條　　　（婚生子女之推定及否認規定之適用）

民法親屬編關於婚生子女之推定及否認，於施行前受胎之子女亦適用之。

民法親屬編修正前結婚，並有修正之民法第1059條第1項但書之約定而從母姓者，得於修正後一年內，聲請改姓母姓。但子女已成年或已結婚者，不在此限。

修正之民法第1063條第2項之規定，於民法親屬編修正前受胎或出生之子女亦適用之。

第8-1條　　（否認婚生子女提訴期限）

夫妻已逾中華民國96年5月4日修正前之民法第1063條第2項規定所定期間，而不得提起否認之訴者，得於修正施行後二年內提起之。

第9條　　　（立嗣子女與其所後父母之關係）

民法親屬編施行前所立之嗣子女，與其所後父母之關係，與婚生子女同。

第10條　　　（非婚生子女規定之適用）

非婚生子女在民法親屬編施行前出生者，自施行之日起適用民法親屬編關於非婚生子女之規定。

非婚生子女在民法親屬編修正前出生者，修正之民法第1067條之規定，亦適用之。

第11條　　　（收養效力規定之適用）

收養關係雖在民法親屬編施行前發生者，自施行之日起有民法親屬編所定之效力。

第12條　　　（得請求宣告終止收養關係之規定之適用）

民法親屬編施行前所發生之事實，依民法親屬編之規定得為終止收養關係之原因者，得請求宣告終止收養關係。

民法親屬編施行後修正前所發生之事實，依修正之民法第1080條第5項之規定得為終止收養關係之原因者，得聲請許可終止收養關係。

第13條　　　（父母子女權義規定之適用）

父母子女間之權利義務，自民法親屬編施行之日起，依民法親屬編之規定。其有修正者，適用修正後之規定。

第14條　　（監護人權義規定之適用）

民法親屬編施行前所設置之監護人，其權利義務自施行之日起，適用民法親屬編之規定。其有修正者，適用修正後之規定。

第14-1條　（法定監護人）

本法於民國89年2月14日修正前已依民法第1094條任監護人者，於修正公布後，仍適用修正後同條第2項至第2項之規定。

第14-2條　（修法後監護人適用規定）

中華民國97年5月2日修正之民法親屬編第四章條文施行前所設置之監護人，於修正施行後，適用修正後之規定。

第14-3條　（施行日）

中華民國97年5月2日修正之民法親屬編第四章之規定，自公布後一年六個月施行。

第15條　　（施行日）

本施行法自民法親屬編施行之日施行。

民法親屬編修正條文及本施行法修正條文，除另定施行日期，及中華民國98年12月15日修正之民法第1131條及第1133條自98年11月23日施行者外，自公布日施行。

國家圖書館出版品預行編目資料

親屬法／徐美貞著. — 六版. — 臺北市：
五南，2013.08
　　面；　　公分

ISBN 978-957-11-7217-0（平裝）

1.親屬法

584.4　　　　　　　　　　102013967

1S35

親屬法

作　　者 — 徐美貞 (181.2)

發 行 人 — 楊榮川

總 編 輯 — 王翠華

主　　編 — 劉靜芬

責任編輯 — 蔡惠芝

封面設計 — 斐類設計工作室

出 版 者 — 五南圖書出版股份有限公司

地　　址：106台北市大安區和平東路二段339號4樓

電　　話：(02)2705-5066　　傳　　真：(02)2706-6100

網　　址：http://www.wunan.com.tw

電子郵件：wunan@wunan.com.tw

劃撥帳號：01068953

戶　　名：五南圖書出版股份有限公司

台中市駐區辦公室/台中市中區中山路6號

電　　話：(04)2223-0891　　傳　　真：(04)2223-3549

高雄市駐區辦公室/高雄市新興區中山一路290號

電　　話：(07)2358-702　　傳　　真：(07)2350-236

法律顧問　林勝安律師事務所　林勝安律師

出版日期　2003年 9 月初版一刷
　　　　　2005年 2 月二版一刷
　　　　　2007年 9 月三版一刷
　　　　　2008年 3 月四版一刷
　　　　　2010年10月五版一刷
　　　　　2013年 8 月六版一刷

定　　價　新臺幣320元